AF177332

ALEXANDER KERN

ALFRED BIOLEK

— KLEINE ANEKDOTEN AUS DEM LEBEN EINES GROSSEN ENTERTAINERS —

Bibliografische Information der Deutschen Nationalbibliothek
Die Deutsche Nationalbibliothek verzeichnet diese Publikation in der Deutschen Nationalbibliografie. Detaillierte bibliografische Daten sind im Internet über http://dnb.d-nb.de abrufbar.

Für Fragen und Anregungen
info@rivaverlag.de

Originalausgabe
1. Auflage 2019
© 2019 by riva Verlag, ein Imprint der Münchner Verlagsgruppe GmbH
Nymphenburger Straße 86
D-80636 München
Tel.: 089 651285-0
Fax: 089 652096

Redaktion: Susann Harring
Umschlaggestaltung: Isabella Dorsch
Umschlagabbildung: imago images/Jürgen Hanel
Satz: Helmut Schaffer, Hofheim a. Ts.
Druck: Druck: GGP Media GmbH, Pößneck
Printed in the EU

ISBN Print 978-3-7423-1143-6
ISBN E-Book (PDF) 978-3-7453-0931-7
ISBN E-Book (EPUB, Mobi) 978-3-7453-0932-4

Weitere Informationen zum Verlag finden Sie unter

www.rivaverlag.de

Beachten Sie auch unsere weiteren Verlage unter www.m-vg.de

Inhalt

Vorwort

Bio hieß früher Öko. Jedenfalls ist ›Bio‹ erst seit 2007 ein durch die EG-Öko-Verordnung geschützter Begriff; erst 2010 wurde ein EU-weit verbindliches Bio-Siegel eingeführt, das biologisch hergestellte Lebensmittel kennzeichnet. Der Mann, den Deutschland Bio nennt, war damals bereits Mitte Siebzig und seit mehreren Jahrzehnten sein eigenes Gütesiegel, das wie kaum ein anderes für gelungene TV-Unterhaltung stand.

Mit seinen zum Markenzeichen gewordenen runden Brillengläsern, hinter denen die Augen intelligent und fast immer ein wenig amüsiert blitzen, ist Alfred Biolek eine Ikone unter den deutschen Fernsehmoderatoren. Man nennt ihn in einem Atemzug mit Kulenkampff und Carrell, mit Rosenthal und Gottschalk. Zahlreiche Sendungen, die Fernsehgeschichte geschrieben haben, gehen auf die Kappe dieses Mannes. *Bio's Bahnhof, Boulevard Bio* und natürlich *alfredissimo!* – das sind wohl die drei wichtigsten Meilensteine in seiner Karriere. Die beiden letztgenannten Formate liefen jeweils zwölf Jahre über die Bildschirme der Bundesrepublik, und beendet hat Biolek sie nicht wegen sinkender Quoten, sondern weil er das Gefühl hatte, sie seien auserzählt. 2007, nachdem die letzte von 459 Folgen *alfredissimo!* gesendet war, verabschiedete er sich mit 72 Jahren vom Fernsehen.

Sein Weg war alles andere als vorgezeichnet: Er kommt aus einem konservativen, streng katholischen Haushalt. Der Vater engagiert sich in der CDU, Alfred selbst arbeitet mit Begeisterung als Ministrant. Eigentlich soll er – der jüngste von drei Söhnen – die Kanzlei des Vaters im ländlichen Waiblingen übernehmen. Also studiert Biolek nach dem Abitur Jura, 1962 wird er zum Dr. iur. promoviert. Schließlich entscheidet er sich jedoch gegen die Kanzlei. Und nach einem kurzen Intermezzo in der Rechtsabteilung des neu gegründeten Fernsehsenders ZDF beginnt seine Laufbahn als TV-Macher.

Zunächst ist er hauptsächlich hinter den Kulissen tätig – als Produzent wird er Mitte der Siebziger vor allem mit der von Rudi Carrell moderierten Show *Am laufenden Band* einen riesigen Erfolg feiern –, aber zunehmend wird es ihn auch vor die Kameras ziehen. Mit dem *Kölner Treff* und schließlich mit der neuartigen Musiksendung *Bio's Bahnhof* gelingt es ihm, Sendungen zu etablieren, für die er inhaltlich die Verantwortung trägt und die er auch selbst präsentiert.

Als Bioleks Fernsehmoderatoren-Karriere so richtig in Fahrt kommt, ist er bereits Mitte Vierzig. Er ist ein klassisches Gewächs des öffentlich-rechtlichen Rundfunks, und einen Großteil seiner Karriere bestreitet er in Konkurrenz zu den immer beliebigeren, zynischeren Formaten des Privatfernsehens. Insofern ist Biolek seit jeher auch ein Anachronist. Während die mal mehr, mal weniger inszenierten Talkshows von RTL und ProSieben vorgeben, der Bevölkerung aufs Maul zu schauen – was meist bedeutet, dass man einander zu absurd-abgeschmackten Themen betreut ankeift –, bietet Biolek bei *Boulevard Bio* gepflegte Unterhaltung alter Schule. Er ist als witziger und schlagfertiger, aber auch einfühlsamer und interessierter Zuhörer bekannt. Die Gäste öffnen sich ihm, der oft so entwaffnend simple Fragen stellt. Und sie freuen sich mit ihm, wenn er mal wieder laut keckernd auflacht. Und wen hat er nicht alles interviewt in seinen vierzig Jahren beim Fernsehen: Karl Lagerfeld und Helmut Kohl, Sammy Davis Jr. und den Dalai Lama.

Alfred Biolek war immer schon ein kreativer Kopf und insbesondere ein geborener Gastgeber und – im ursprünglichen Sinne des Wortes – Moderator. Das lateinische *moderari* bedeutet: mäßigen, regeln, lenken. Seine Fragen geben sich mit dem scheinbar Einfachen zufrieden, und wenn er merkt, dass sein Gegenüber im Eifer des Augenblicks bereit ist, mehr von sich preiszugeben, als gut wäre, wechselt Biolek auch schon mal dezent das Thema. Niemand muss bei ihm fürchten, mit peinlichen Details aus dem Intimleben öffentlichkeitsgeiler Prominenz behelligt zu werden.

Jetzt, 13 Jahre nachdem er sich aus dem Fernsehbusiness verabschiedet hat, haben sich die Zeiten natürlich geändert. Wenn man sich die heutigen Shows anschaut, kommt man kaum umhin zu beklagen, dass es Figuren wie Biolek schlicht nicht mehr gibt. Selbst bei der ARD würde man ihn heute nicht mehr nehmen, sagte Biolek kürzlich. Und bereits 2003 kommentierte der Medienjournalist Stefan Niggemeier anlässlich der letzten Folge von *Boulevard Bio* bedauernd: »So einer wie Biolek würde es heute nicht mehr schaffen.«

Biolek selbst, mittlerweile 85 Jahre alt, sieht diese Veränderungen gelassen. Früher war ihm viel von dem, was im Fernsehen lief, zuwider. Heute akzeptiert er, dass diese Veränderungen zum Lauf der Zeit gehören. In seiner Kölner Wohnung zappt er durch die Programme, manches gefällt ihm ganz gut, aber die Fernbedienung hat er stets in der Hand, um im Bedarfsfall schnell umschalten zu können. »Es gibt nichts, was ich nicht verpassen könnte«, sagte er der *Süddeutschen Zeitung* in einem ausführlichen Interview. Es gibt im Fernsehen eben auch niemanden mehr wie ihn.

Vertreibung aus dem Paradies

Geboren wird Alfred Franz Maria Biolek am 10. Juli 1934 in Oberschlesien, genauer gesagt in Freistadt – später Fryštát, das heute ein Teil der Bezirksstadt Karviná ist –, in der damaligen Tschechoslowakei, an der Grenze zu Polen. Freistadt ist überwiegend polnisch besiedelt, aber rund ein Drittel der Gemeinde ist deutschsprachig. Diese Menschen fühlen sich der k.-u.-k.-Monarchie Österreich-Ungarns traditionell näher als der ersten deutschen Republik. Beide sind indes bereits Geschichte, als der kleine Alfred das Licht der Welt erblickt: die k.-u.-k.-Monarchie bereits seit 1918, als nach dem Ersten Weltkrieg erst in Ungarn und wenig später auch in Österreich eine jeweils eigene Republik ausgerufen wird, die Weimarer Republik seit nunmehr fast anderthalb Jahren, seit der Machtergreifung durch Adolf Hitlers NSDAP am 30. Januar 1933, um genau zu sein. Gerade einmal fünfzehn Jahre währte der Frieden in Europa. Nun zeigt in vielen Ländern der Faschismus sein hässliches Gesicht.

Alfreds Eltern und die beiden großen Brüder sorgen liebevoll dafür, dass der kleine Nachzügler unbeschwert aufwachsen kann. Von den schlimmen Dingen, die in der Welt passieren, kriegt er kaum etwas mit; er empfindet seine Kindheit als paradiesisch. Mit dem Einzug der deutschen Truppen im Feldzug gegen Polen fällt aber schließlich auch Freistadt in deutsche Hände. Von 1939 bis 1945 wird die Stadt dem Reich eingemeindet, und es entstehen Arbeitslager. Die Folgen des Krieges sind für Familie Biolek nicht so drastisch wie für manch andere: Vater Joseph ist ein angesehener Advokat, zweiter Bürgermeister und Mitglied der Sudetendeutschen Partei (SdP), die tendenziell

der NSDAP nahesteht. Die Familie ist bürger-
lich-konservativ, aber den überzeugten Katho-
liken ist nationalsozialistisches Gedankengut
denkbar fremd. Der Vater ist zwar beim Militär,
wird aber erst in den letzten Zügen des Krieges
an die Front geschickt. Die Bioleks haben immer genug zu essen, auch weil die Landwirte,
denen Joseph Biolek seine Dienste als Anwalt
oft kostenlos zur Verfügung stellt, ihm statt mit
Geld mit Lebensmitteln danken. Trotz des Krieges erlebt Alfred also unbeschwerte Jahre, und
so trifft es nicht nur seine Eltern, sondern auch
ihn selbst hart, als die deutschsprachigen Bürger der Gemeinde Freistadt nach dem Krieg aus
der Tschechoslowakei vertrieben werden. Im
Frühjahr 1945 schickt der Vater zunächst seine
Frau, deren Schwester Elka, die bei der Familie Biolek lebt, und den zehnjährigen Alfred in
ein Kloster in Freudenthal (Österreich-Schlesi-
en), wo sie den Einmarsch der Roten Armee ab-
warten sollen. Der Vater und der älteste Bruder
werden vorübergehend inhaftiert. Alfred kehrt
mit seiner Mutter noch einmal nach Freistadt
zurück, wo sie und die anderen Deutschen nun
zur Kennung eine Armbinde tragen müssen, auf
der das Wort *Nemec* (Deutscher) steht.

1946 wird die Familie nach Deutschland deportiert, zunächst noch ohne den Vater und den ältesten Bruder, die aber später nachkommen können. Zwar ist die Sehnsuchtsstadt der Bioleks Wien, dessen alter Kultur man sich tief verbunden fühlt, aber dort hatte der Krieg zu stark gewütet, als dass man sich ein neues Leben hätte aufbauen können. Und so landet die Familie schließlich in Schwaben, in Waiblingen bei Stuttgart, wo der Vater wieder Arbeit als Anwalt findet und Alfred seine Jugendjahre verlebt.

Auch wenn er den Krieg nur am Rande miterlebte und ihm größere Unbill erspart blieb: Alfred empfindet die Vertreibung aus dem Paradies seiner Kindheit als Zäsur. Seine Eltern werden Zeit ihres Lebens nicht mehr nach Fryštát zurückkehren, und für Alfred bleibt die Stadt eine abgekapselte Erinnerung, ein Ort, mit dem er nicht mehr viel anfangen kann, als er mehr als 60 Jahre später zum ersten Mal zurückkehrt. Es bleibt bei einer kurzen, etwas befremdlichen Stippvisite.

Frühes Talent als Gastgeber

Nach einer Zeit der Eingewöhnung fassen die Bioleks in der jungen Bundesrepublik Fuß. Der große Bruder Herbert, der als Kriegsgefangener in einem russischen Lager interniert war, kehrt in den Schoß der Familie zurück. Nach einiger Zeit findet sich eine Dreizimmerwohnung, in deren Ess- und Wohnzimmer der Vater mit über 50 Jahren noch einmal eine eigene Kanzlei eröffnet. Mutter Hedwig pflanzt im Schrebergarten Obst und Gemüse an, und auch die Kirche bleibt weiter ein zentraler Anlaufpunkt für die Familie. Auch wenn an vielen Ecken und Enden noch gespart werden muss. Alfred soll eine möglichst großbürgerliche Erziehung genießen, und dazu gehört auch, dass der Klavierunterricht, den er schon in Freistadt begonnen hatte, wieder aufgenommen wird. Frau Erhardt, seine Klavierlehrerin, ist eine für die damalige Zeit »mondäne Dame«, der es gelingt, die Lust am Entertainment in dem Teenager zu wecken. Madame lebt im urbanen Stuttgart, und zwar mit einem »weitaus jüngeren Mann«. In Waiblingen veranstaltet sie regelmäßige Konzerte und Tanzveranstaltungen, die als kulturelle Highlights gelten. Ihre Schüler spielen auf dem Klavier, Gedichte werden vorgetragen, es gibt reichlich zu essen – und ganz sicher gönnen sich die Erwachsenen auch das ein oder andere Glas Wein und Bier. Anschließend wird das Tanzbein geschwungen. In diesem Klima fühlt Alfred sich pudelwohl. Als Conférencier führt er unterhaltsam durch die Abende, nimmt damit indirekt die Rolle des Gastgebers ein und findet daran großen Gefallen.

Als Biolek Jahre später mit dem Autor Veit Schmidinger seine Biografie verfasst, findet er inmitten seiner Erinnerungsstücke den Entwurf für eine Einladung an Freunde aus jener Zeit, die er mit einem kleinen Gedicht einleitet, um anschließend in höfisch-gestelztem Duktus zum Abendessen zu laden – »unterwürfigst« und in »abgründiger Demuth«. Die gewitzten Formulierungen offenbaren, dass Alfred die Rolle des Gastgebers und Kommunikators Freude bereitet und dass er sie mit einem Augenzwinkern anzunehmen weiß. Mit 16 Jahren hatte er natürlich noch nicht entschieden, welchen Weg er letztlich einschlagen will, also hält er sich einfach alle Türen offen, indem er unterzeichnet: »Freddy – Oberschüler, Schauspieler, Komiker, Brillenträger, Sänger und langsam werdender Pianist«.

Biolek auf großer Fahrt

Als Alfreds Bruder Herbert, der älteste Sohn der Familie, Anfang der Fünfziger ganz plötzlich an einem unbemerkt gebliebenen Hirntumor stirbt, ist dies ein bitterer Verlust für die Bioleks, und umso schwerer fällt es Mutter Hedwig, ihren geliebten Alfred ziehen zu lassen, als dieser schon wenige Monate später eine große Reise antritt.

»Guten Tag, ich möchte die Demokratie lernen.« Mit diesen Worten stellt sich der Teenager dem *American Field Service* (AFS) vor – einer Organisation, die es deutschen Schülern ermöglicht, ein Jahr bei einer Gastfamilie in den USA zu verbringen, um sich mit Land, Leuten und der dortigen Kultur vertraut zu machen. Alfreds Englisch ist eher dürftig, aber er hat Glück: Als einer von 120 Schülern wird er ausgewählt, die Reise in die Staaten anzutreten. 1951 steigt man dazu natürlich nicht in ein Flugzeug, sondern geht an Bord eines Ozeandampfers. Die *Nelly* ist zwar bereits ein wenig in die Jahre gekommen, aber die 300 Passagiere vertrauen sich ihr für die mehr als eine Woche dauernde Überfahrt hoffnungsvoll an. Weißbrot und Erdnussbutter zum Frühstück – das ist für Alfred etwas völlig Neues. Der Wellengang ist jedoch heftig, und schon bald steigert sich das flaue Gefühl in seiner Magengegend zu einer heftigen Seekrankheit, die zwei Tage dauern soll. So wie ihm ergeht es etlichen anderen »Seeleichen«, die sich von der Krankenschwester an Bord mit Mitteln gegen Reiseübelkeit versorgen lassen und sich ansonsten so nah wie möglich in der Nähe eines Eimers aufhalten. Seinen Mitpassagieren und sich selbst vertreibt Alfred die mehr als eine Woche dauernde Überfahrt mit Witzen und humorvollen Erzählungen, während die Amerikaner sich an den Liedern erfreuen, die Alfred und die anderen Deutschen zum Besten geben. Die beengten Verhältnisse auf dem Schiff schweißen die Menschen zusammen, und durch den jähen Tod des Bruders hat Alfred einmal mehr erfahren, wie trostreich Unterhaltung in schweren Zeiten sein kann. Auch in späteren Jahren wird es ihm nie um Konfrontation oder schnelle Pointen gehen: Er wünscht sich, dass die Menschen eine gute Zeit miteinander verbringen. Wenn sein Gegenüber sich wohlfühlt, wird es sich ihm viel eher öffnen als durch eine scharf formulierte Frage.

Schließlich geht die *Nelly* vor New York an Land. Während die meisten Passagiere direkt von Bord gehen dürfen, werden Alfred und die anderen Deutschen auf Herz und Nieren geprüft. Zehn Stunden dauert die Abwicklung sämtlicher Einreiseformalitäten. Der erste Abend in New York verschlägt dem jungen Mann förmlich die Sprache. In der legendären Royal Albert Hall erlebt er ein spektakuläres Kulturprogramm samt Wilhelm-Tell-Ouvertüre. Wie unbeschreiblich die Lichterpracht des Broadways leuchtet, würde ihm zu Hause wohl niemand glauben – das muss man schon mit eigenen Augen gesehen haben.

Alfred und die Schnapspralinen

Alfreds amerikanische Gastfamilie wohnt in Oak Hill, einem 3000-Seelen-Nest in West Virginia. Es gibt eine Tochter in Alfreds Alter und einen zwei Jahre jüngeren Sohn. Mit dem 15-jährigen Gastbruder teilt sich Alfred Zimmer und Bett. Für eine US-amerikanische Familie leben die Martins in recht schlichten Verhältnissen, aber Alfred gehen die Augen schier über. Kühlschrank, Waschmaschine, Müllschlucker und sogar eine Spülmaschine: Die Gastmutter und eine schwarze Haushaltshilfe haben allerlei elektrische Hilfsmittel, die ihnen die Arbeit enorm erleichtern.

Die offenherzige amerikanische Art begeistert den jungen Deutschen. An der Schule findet er schnell Anschluss, und neben Englisch und Geschichte konzentriert er sich abermals auf zahlreiche kreative Tätigkeiten, spielt Theater, singt und nimmt an einem großen Talentwettbewerb teil. Obwohl er sich selbst ein eher bescheidenes Talent als Pianist attestiert, gewinnt er damit den ersten Preis. Zehn Dollar! »Immerhin 42 Mark« seien das umgerechnet, wie er seiner Klavierlehrerin begeistert nach Stuttgart schreibt. »Das war das Lampenfieber wert.« Er führt seinen Sieg auf die aufrichtige Gastfreundschaft der Amerikaner zurück – und darauf, dass man von klassischer Musik hier wohl nicht allzu viel versteht.

Auch der Begriff der Religionsfreiheit wird in Amerika ganz konkret mit Bedeutung gefüllt: Die Gasteltern gehen in unterschiedliche Kirchen, der Vater ist Baptist, die Mutter Methodistin. Die Kinder wechseln jede Woche, und Alfred wird an den Sonntagen einer Freundin der Familie, aus Polen stammend, anvertraut, die ihn mit zur katholischen Messe in einem Nachbarort nimmt. Bei aller Offenheit halten die Eltern sich indes sehr genau an ihre religiösen Vorschriften: Alkohol ist in der Familie strikt verboten.

Eines Tages, wenige Tage nach dem Weihnachtsfest, spricht die Gastmutter plötzlich nicht mehr mit Alfred. Erst fällt ihm auf, dass das übliche *good morning* ausbleibt, dann realisiert er, dass sie generell kein Wort mehr an ihn richtet. Drei Tage hält er das Schweigen verwundert und verunsichert aus, bis er schließlich den Mut aufbringt, nach einer Erklärung zu fragen.

Alfreds Eltern hatten dem Jungen eine Schachtel Pralinen zu Weihnachten geschickt. Davon waren einige wenige mit Likör gefüllt, und in eine davon hat ausgerechnet die Gastmutter hineingebissen. Der »Streit« lässt sich rasch beilegen.

Alfred ist begeistert von seiner Zeit in den USA; es wird für ihn immer ein prägendes, wichtiges Jahr in seinem Leben bleiben. Während man einander im Nachkriegsdeutschland der Adenauerzeit eher mit Misstrauen begegnet und Zuflucht innerhalb der Familie sucht, bestaunt Alfred in Amerika die völkerverständigende Wirkung des internationalen Austauschs. So schließen während eines gemeinsamen Ausflugs Franzosen und Deutsche innige Freundschaften – die Erfahrung, so fern von Heimat und Verwandtschaft zu sein, eint die Jugendlichen.

Biolek und das Studentenkabarett

Ein Jurastudent aus dem schwäbischen Raum. Das klingt zunächst mal eher dröge, und lässt vermuten, dass die Erwartungen der acht jungen Männer, denen sich der 22-jährige Alfred im Herbst 1956 vorstellt, nicht allzu hoch waren. Immerhin suchen sie einen Nachfolger für ihre Kabaretttruppe, und Juristen sind generell nicht unbedingt als humoristische Heilsbringer bekannt. Aber gut, man kann ihn sich ja mal anschauen.

Natürlich dauert es nicht lange, bis Alfred die komplette Mannschaft für sich gewonnen hat. Aus den Schauspielkursen seiner Schulzeit bringt er Bühnenerfahrung mit, durch seine Anmoderationen für die Ballnächte seiner Klavierlehrerin ist er das freie Sprechen vor Fremden gewohnt. Er haut einfach einen Witz raus, und das Eis ist gebrochen. Und so geht's weiter, »ein Witz nach dem anderen, perfekt vorgetragen«, erinnert sich einer seiner Mitstreiter später.

Als Schauspieler einem fremden Charakter Leben einzuhauchen, gelingt ihm nur bedingt – daher sieht er für sich keine Zukunft am Theater oder beim Film. Auch an eigenen Texten hat er sich schon versucht, aber sein Stil ist recht hölzern: Wenn er sich an Gleichaltrige wendet, wirkt er dabei fast schon etwas onkelhaft, wenn er reimt, hat das in etwa den Charme, mit dem Hobby-Poeten sich für Betriebsfeste oder runde Geburtstage ins lyrische Zeug werfen. Aber schon sein Berufswunsch als Kind – Zirkusdirektor wollte er werden – zeigt, dass es ihm Freude macht, sich vor Publikum zu präsentieren. Als Kabarettist ist Biolek schlichtweg ein Naturtalent. Er steigt noch am Tag seines Vorsprechens bei der Truppe ein. Das Trojanische Pferdchen, so der Name der Gruppe, wird in gut drei Monaten einen ersten großen Auftritt in Freiburg haben. Es wird regelmäßig und mit großem Ernst geprobt. Alfred übernimmt zusammen mit einem anderen ›Pferdchen‹ die Regie, außerdem spricht er die Überleitungen zwischen den einzelnen Nummern, die das Ganze zusammenhalten sollen.

Alfred ist der geborene Moderator, und beim Agieren auf der Bühne kommt ihm eine weitere Eigenschaft zupass: Lampenfieber kennt er nicht.

Mitte Februar 1957 schließlich tritt die Truppe im voll besetzten Audimax in Freiburg auf. Die Themen sind überwiegend studentisch und regional, aber Das Trojanische Pferdchen hat das Publikum schnell für sich gewonnen. Besonderes Aufsehen erregt eine sehr politische Nummer, die aus der Perspektive von fünf menschengroßen Puppen erzählt wird, die man während eines Atomtests in Nevada, USA, nicht weit vom Testgelände aufgestellt hatte, um »die möglichen Wirkungen einer Atombombe auf den Menschen« untersuchen zu können. Die Nummer ist ein eindringlicher Appell gegen den Irrsinn einer Welt, in der man gegeneinander mit Atomwaffen aufrüstet. Erst schweigt das Publikum betreten, dann wird frenetisch applaudiert. Auch die Rezensionen in der regionalen Presse fallen ausgesprochen wohlwollend aus.

Biolek erkennt hier, was sich später leitmotivisch durch seine Arbeit als Moderator und

Talkmaster ziehen wird: Humor und Ernst können nebeneinander existieren, er muss sich nicht zwischen ihnen entscheiden. Das Trojanische Pferdchen wird an zahlreichen Universitäten in der gesamten Bundesrepublik gastieren und das Publikum allerorts begeistern. So auch in Hamburg, wo man anschließend »staunend durch St. Pauli« zieht, um die Gage gleich wieder auf den Kopf zu hauen. Unter anderem landen die jungen Männer dabei in einem Lokal, in dem »höchst interessante Damen-Schlamm-Ringkämpfe« stattfinden. Ob er an ringenden Herren nicht mehr Freude gehabt hätte, sei dahingestellt. In jedem Falle ist Alfred schwer beeindruckt.

Alfred und die Schnecken-Ingwer-Limonade

Schon früh ist Alfred weiter in der Welt herumgekommen als seine Eltern. Als braver Sohn fügt er sich aber den konservativen Sitten, ohne sie groß zu hinterfragen: Er stammt aus bürgerlichem Hause, er hat Freude an seiner Arbeit als Ministrant, und auch wenn ihm die Schauspielerei eine Zeit lang verlockend erscheint, fügt er sich doch bereitwillig dem Wunsch des Vaters und beginnt nach dem Abitur ein Jurastudium.

Zunächst in München, dann für kurze Zeit in seinem geliebten Wien, anschließend wieder in München. Große Städte also, die für einen jungen Studenten reich an Verführungen sind. Biolek aber bleibt meist brav. In München besucht er häufig das Theater und Kabarett, manchmal zieht er mit einem Kommilitonen auch um die Häuser. In Wien wiederum ist es die Oper, die der Musikliebhaber Alfred regelmäßig frequentiert.

Die großen musikalischen Dramen scheinen ihn tatsächlich ein wenig von seinen Studien abzulenken. Denn vom Studentenheim zur Uni sei es zwar nicht weit gewesen, wie er sich bei einem Wienbesuch Jahrzehnte später erinnert, aber er fügt ein verschmitztes »Wenn ich denn überhaupt mal da war« an. Von den günstigen Stehplätzen des Opernhauses schaut er sich aus den hintersten Reihen stundenlange Inszenierungen an, anschließend geht es oft noch an den »Würstelstand fürs kleine Portemonnaie«.

Auf lange Sicht nimmt Alfred sein Studium aber viel zu ernst, um sich von den schönen Künsten oder anderen Vergnügungen ablenken zu lassen. Um jedoch nicht zu vielen Versuchungen widerstehen zu müssen, wechselt er schließlich an die Universität von Freiburg im Breisgau, »um dort zügig und in Ruhe das Studium zu beenden«. Dort legt er mit großem Erfolg das Erste Staatsexamen ab, anschließend promoviert er bei einer echten Ikone auf dem Spezialgebiet des Vergleichenden Rechts: Dr. Ernst von Caemmerer. Thema der Arbeit: »Die Schadensersatzhaftung des Herstellers und Verkäufers mangelhafter Ware nach englischem Recht«. Zentral geht es dabei um einen spektakulär unappetitlichen Fall, der wegweisend hinsichtlich der Sorgfaltspflicht von Fabrikanten für Lebensmittel war und, wie Biolek selbst mal attestierte, bereits »einen Drang zum Entertainment« erkennen lässt: Eine Frau bestellt eine Flasche Ginger Ale. Sie trinkt davon, gießt sich dann den Rest des Getränks aus der blickdichten Flasche in ein Glas und stellt schockiert fest, dass am Boden der Flasche eine bereits halb verweste Schnecke lag. Magenkrämpfe und heftige Übelkeit sind die Folge; die Dame muss sich übergeben.

Erfolgreich verklagt sie daraufhin den Hersteller auf Schadensersatz. Bei der Urteilsverkündung bezieht sich der Richter, Lord Atkin, auf das christliche Gebot der Nächstenliebe. Im Rechtsleben resultiere daraus die Pflicht, seinen Nächsten nicht zu verletzen. Im vorliegenden Fall seien der Limonadenhersteller und die Kundin einander Nächste, ungeachtet der räumlichen Entfernung. Tote Schnecken in der Limonade muss sich also niemand gefallen lassen.

Und obwohl es denkbar einfach ist, hat das Rezept es nie in eines von Bioleks Kochbüchern geschafft. Gott sei's gedankt!

Als Volljurist zum Zweiten Deutschen Fernsehen

Das Zweite Staatsexamen ist eine aufreibende Zeit für angehende Juristen. Neben seiner schriftlichen Arbeit muss Alfred als Referendar die verschiedenen Arbeitsbereiche eines Juristen durchlaufen: In dreieinhalb Jahren lernt er Amtsgericht, Landgericht und Staatsanwaltschaft, aber auch die Arbeit in der Verwaltung und in einer Kanzlei kennen. Für seinen stolzen Vater ist die Sache gesetzt: Der Junge wird seine Praxis in Waiblingen übernehmen, wo er nun auch wieder wohnt – zusammen mit einem Schulfreund, in einer Wohnung direkt gegenüber von seinen Eltern.

Als Moderator steht Alfred auf kleinen Bühnen in der Region und führt durch verschiedene Veranstaltungen. So bessert er sein Einkommen auf und kann sich einen kleinen Neuwagen leisten, mit dem er abends ins nicht weit entfernte Stuttgart fahren kann, um dort Theaterinszenierungen zu sehen. Es sind eher ruhige Jahre für den jungen Mann, aber daran stört er sich nicht. Er kommt mit den »Eltern sehr gut aus«. Er ist von eher kleinem Wuchs, der Haaransatz tritt schon früh den Rückzug an, und die runden Brillengläser sind seit Jahren so etwas wie ein Markenzeichen für ihn. Ein Casanova ist er nicht gerade, die Rolle des Junggesellen passt irgendwie zu ihm.

Die eigene Homosexualität ist nichts, was er aktiv verdrängt. Ihm ist schlichtweg gar nicht klar, dass Schwulsein etwas ist, das man leben könnte; er hat keine Worte für diese Gefühle, die ihn ab und zu überkommen, wenn er einen hübschen Kerl bewundert. Dass Eigenheim, Frau und Kind nicht zu seinem Lebensentwurf gehören, ist ihm irgendwie schon bewusst, aber sich aus der Provinz abzusetzen, um zum Beispiel ins urbanere Stuttgart zu ziehen, das kann er dem Vater nicht antun.

Dann, im Winter 1963, legt Alfred schließlich die letzte mündliche Prüfung des Zweiten Staatsexamens ab. Er ist nun Volljurist, wie es so schön heißt, die Zukunft scheint in trockenen Tüchern. Man beglückwünscht ihn, gibt ihm Grüße für den Vater mit auf den Weg, dann entlässt man ihn aus dem Prüfungszimmer im Justizministerium von Baden-Württemberg. Draußen auf dem Flur atmet Alfred tief durch, sammelt sich kurz und geht dann geradewegs ins Büro des ihm persönlich bekannten Ministerialdirigenten Rebmann. Er habe, erklärt er dort, soeben das Zweite Examen abgelegt, und nun warte die Kanzlei des Vaters auf ihn. »Ich glaube, ich möchte das nicht«, hört er sich sagen. Rebmann zeigt sich verständig, womöglich auch, weil er den jungen Mann, der ihm da seine Zweifel offenbart, schon mehrfach auf der Bühne erlebt hat. Er weiß, dass da ein Talent zum Entertainment schlummert, das Alfred unter den konservativen Fittichen der väterlichen Kanzlei nicht wird ausleben können. Er habe doch sicher gehört, dass es bald ein zweites Fernsehprogramm geben solle, dort suche man noch nach einem Juristen. »Hätten Sie Lust, das zu machen?«

Und ob er Lust hat! Rebmann tätigt einen Anruf nach Mainz, wo das Studio des neuen Senders steht. Und dann geht alles ganz schnell: Sechs Wochen bevor das ZDF auf Sendung geht, unterzeichnet Alfred einen Vertrag als Assessor. Und mit dem sprichwörtlichen Fuß in der Tür dauert es anschließend nur wenige Monate, und er wechselt von der Rechts- in die Programmabteilung. Aus dem Volljuristen ist in kürzester Zeit ein Programmmacher geworden, der sich mit Eifer und Leidenschaft in seine neue Aufgabe stürzt. Den Doktortitel kann ihm natürlich keiner mehr nehmen, aber hier in Mainz ist er einfach nur der Alfred Biolek. Ein Name, den man noch oft hören wird.

Alfred unter Mainzelmännchen

Zu Beginn des Jahres 1963 ist das bundesweit gesendete Fernsehprogramm sehr überschaubar – es gibt ja nur die ARD. Es ist auch nicht so, dass man einfach mal eben einen zweiten Sender an den Start schicken könnte: Die Umsetzung eines Zweiten Deutschen Fernsehens ist von langer Hand geplant. Längst nicht jeder Haushalt verfügt über ein eigenes TV-Gerät, und die, die eines haben, benötigen eine zweite Fernsehantenne und mitunter einen Frequenzumwandler, um das neue Programm empfangen zu können. Bevor dieses am frühen Abend des 1. April 1963 endlich auf Sendung gehen kann, muss auch hinter den Kulissen vieles vorbereitet werden. Emsig wie die Heinzelmännchen – die legendären Kölner Hausgeister, die nachts die Hausarbeit der braven Bürger erledigen – arbeitet die Belegschaft in Mainz, und schon bald spricht man in spöttischer Anerkennung von den ›Mainzelmännchen‹.

Als Assessor ist Biolek dafür zuständig, Gutachten in wasserdichtem Juristendeutsch zu formulieren und Verträge mit Produktionspartnern auszuarbeiten. Einer davon ist der Bühnenbildner und Grafiker Wolf Gerlach, der sechs wichtelartige Trickfiguren entworfen hat, die die Werbeblöcke ein wenig auflockern sollen. Welcher Name könnte für die liebenswerten Gesellen naheliegender sein als ›Mainzelmännchen‹? Man habe sich damit »selbst ironisch spiegeln«

wollen, erzählt Biolek später seinem Biografen. Und so hilft der junge Jurist aus Waiblingen dabei, ein bundesdeutsches Kulturgut aus der Taufe zu heben.

Fernsehen ist damals noch ein familienzusammenführendes Ereignis, und dass man sich hier auf Neuland bewegt, macht sich auch bei der Besetzung freier Posten im ZDF bemerkbar: Die Möglichkeiten für Quereinsteiger sind vielfältig; die meisten Stellenbeschreibungen entsprechen keinem klassischen Berufsbild. Wer willens ist, sich in die Materie einzuarbeiten, hat hier gute Chancen, und Wolfgang Posselt, der das Münchener Studio leitet, fasst es mit einem deftigen Spruch zusammen: Wer Ampex (der Markenname der Aufzeichnungsbänder) von Tampax unterscheiden könne, könne beim Fernsehen arbeiten.

Biolek fühlt sich in diesem Klima pudelwohl. Oft gehen die Kollegen abends noch gemeinsam in ein Restaurant, und in diesen Runden blüht er auf, glänzt mit herrlichen Witzen, die er mit so viel Talent vorträgt, dass manchmal nicht nur sämtliche Gäste, sondern sogar die Belegschaft an seinen Lippen hängen. Sein Repertoire ist schier unerschöpflich, am liebsten erzählt er jüdische Witze, deren spröden, intelligenten Humor er so treffgenau wiederzugeben vermag.

Vielen ist es ein Rätsel, wie dieser schelmische Selbstdarsteller, der noch die schummrigste Lokalecke zu einer Bühne machen kann, in der Rechtsabteilung eines Fernsehsenders landen konnte. Das ist doch eine regelrechte Verschwendung. Das sieht man auch in der Hauptabteilung Kultur so – und wirbt ihn kurzerhand ab. Ein knappes halbes Jahr nach Erlangung des Zweiten Staatsexamens hängt Biolek die Juristerei endgültig an den Nagel und wechselt als Redakteur ins Vorabendprogramm des ZDF.

Tipps für Autofahrer heißt die zehnminütige Sendung, die ab dem 24. August 1963 regelmäßig über den Bildschirm flimmert und von Biolek moderiert wird. Der Titel mag etwas behäbig anmuten, aber die Sendung trifft den Zeitgeist: Die Zahl der Pkw auf den Straßen und Autobahnen hat sich seit 1955 mehr als vervierfacht: Rund 6,8 Millionen Benzinschleudern sind mittlerweile unterwegs, »immer mehr Zeitgenossen erleben die Umwelt durch die Windschutzscheibe«, wie man es beim ZDF formuliert, um Bioleks Sendung anzukündigen. Der ist natürlich auch deshalb ein geeigneter Kandidat für die Moderation, weil er sich in Rechtsfragen auskennt, die in dem Format eine wichtige Rolle spielen. Aber endlich bietet sich ihm auch eine Gelegenheit, sein Talent als Entertainer auszuspielen.

Die deutsche Fernsehlandschaft ist in jenen Jahren noch recht unaufgeregt, und davon, dass sich die Dinge auch auf europäischer Ebene allmählich entspannen, zeugen die Urlaubstrends, die Biolek Anfang 1966 in seiner Sendung *Urlaub nach Maß – Ferienvorschläge von Alfred Biolek* vorstellt. 21 Jahre nach Kriegsende sind Italien und Frankreich beliebte Reiseziele der Deutschen. Und durch das sogenannte Wirtschaftswunder ist endlich auch genug Geld in den Reisekassen.

Selbst das Fliegen wird allmählich für immer mehr Leute bezahlbar, wodurch sich neue Urlaubsziele erschließen lassen. »Amerika steht vor seiner zweiten Entdeckung – durch den europäischen Touristen«, verkündet das ZDF und schickt Biolek auf seine zweite Reise über den Atlantik. Diesmal ohne die Strapazen einer mehrtägigen Schiffsreise. 9000 Kilometer legt er »innerhalb weniger Tage« zurück. Besonders Las Vegas beeindruckt ihn. Die Hotels dort locken mit günstigen Preisen – natürlich immer in der Hoffnung, den Gästen dafür beim Glücksspiel das Geld aus der Tasche ziehen zu können.

Im Frühjahr 1967 schließlich wird Biolek Chef einer neu konzipierten Sendung: *Die Drehscheibe – Ein Magazin zum Feierabend.* Eine »Mischung von Information und Unterhaltung« soll dem Zuschauer geboten werden, speziell abgestimmt auf die bundesbürgerlichen Bedürfnisse für die Abendbrotzeit, zu der man, so die Einschätzung des ZDF, »nicht mit großen und gewichtigen Themen behelligt werden will«. Stattdessen geht es also um »Mode, Haushalt, Beruf, Witze, Rechtsfragen, Hobbys, Urlaub, Kunstgeschichtliches, Politik« – ein richtiger Gemischtwarenladen, und als Redakteur der Sendung ist Biolek in alle Details involviert. »Jeder war Regisseur, Texter, Musikberater und Moderator seiner eigenen Beiträge«, erklärte er seinem Biografen Schmidinger später, und so lernt er von der Pike auf, wie man Fernsehen macht.

Alfred und die Damen von Welt

»Im wilden Jahr 1968 wechselt Biolek in die heißgeliebte Unterhaltungsabteilung.« Dort ist er nun »Leiter der Abteilung *Kleine Unterhaltung und Serien* und stellvertretender Unterhaltungschef«. Sein Vorgänger auf diesem Posten hatte über eine Show nachgedacht, die die Atmosphäre in den Pariser Nachtclubs aufgreifen sollte. Das gefällt Biolek, und so spinnt er die Idee weiter. Im *Nightclub* sollen keine aktuellen Songs aus der Hitparade als Vollplayback performt werden, stattdessen sucht man nach »ungewöhnlichen, exquisiten Musiknummern, nach internationalen Stars«.

Auch das Publikum soll etwas hermachen, und so besetzt man die 80 bis 100 Plätze im Zuschauerraum mit Prominenten und Angehörigen der Schickeria Münchens, wo die Sendung aufgezeichnet wird. In der ersten Show treten unter anderen die Kessler-Zwillinge auf, die damals zu den schönsten Frauen der Welt zählen. Außerdem Georg Kreisler, der Wiener Kabarettist mit seinen bitterbösen Liedern, und Donovan, der schottische Folk-Sänger, der zu dieser

Zeit seine größten Erfolge feiert. Im *Nightclub*
treten auch einige Stars auf, die schon damals
Legendenstatus haben: Juliette Gréco, die Gran-
de Dame des französischen Chansons, zum Beispiel. Oder auch Josephine Baker, die gebürtige
Amerikanerin, die in den Zwanzigerjahren im
ikonischen Bananenröckchen über Pariser Bühnen getanzt war und später zwölf Kinder aus aller Welt adoptierte, um auf diese Weise gegen
Rassismus zu protestieren. Die mittlerweile über
60-Jährige hat ihre Karriere eigentlich längst an
den Nagel gehängt, aber nun braucht sie Geld.
Und so lässt sie sich bei einem gemeinsamen
Abendessen von Biolek überzeugen, dass sein
Nightclub der richtige Ort für einen ihrer Come-
back-Auftritte ist. Ihr Auftritt macht einer Le-
gende alle Ehre: »Sie sang wunderbar und hatte einen unglaublichen Charme«, erinnerte sich
Biolek später. Auch die Jazz-Göttin Ella Fitzge-
rald tritt im *Nightclub* auf. Biolek lässt es sich
nicht nehmen, sie persönlich am Flughafen in
Empfang zu nehmen. Mit einem Blumenstrauß
in der Hand wartet er auf sie, aber die Vielzahl
eleganter, dunkelhäutiger Ladies, die aus dem
Flieger steigt, überfordert ihn. Einer nach der
anderen hält er die Blumen entgegen, aber sie
alle wiegeln amüsiert ab: *»No, no, I'm not Ella.«*
Schließlich aber nimmt eine der Damen den

Strauß dankend entgegen: Ella ist gefunden. Ihr Auftritt ist großartig, Biolek dankt ihr mit einer Rose und gibt ihr vor Zuschauern und Fernsehkameras einen Kuss. Am nächsten Tag bekommt Alfred einen Anruf von seiner hörbar entsetzten Mutter. »Du hast eine Negerin geküsst«, empört sie sich, »wie konntest du nur?« »Mutter!«, wird sie vom nun fast schon prominenten und deutlich weltoffeneren Sohn zurechtgewiesen. »Sie ist eine Dame.«

Trotz aller Prominenz vermag es der *Nightclub* nicht, Kritiker und Zuschauer zu überzeugen. Dietmar Schönherr, der Moderator, wird von Carlheinz Hollmann abgelöst, und Biolek bemüht sich redlich um ein einzigartiges Programm, doch letztlich geht das Konzept nicht auf. Die Standkameras können die angestrebte intime Nachtclub-Atmosphäre nicht einfangen, die Sendung wird als bemüht und affektiert wahrgenommen, als »Treffen zumindest künstlerisch abgetakelter Showprominenter«, wie es im *Kölner Stadt-Anzeiger* bissig heißt. Das Format *Nightclub* wird noch bis 1972 fortgeführt, aber da ist Biolek schon längst nicht mehr beim ZDF.

Umzug nach München:
Biolek und die Boheme

Biolek spürt, dass seine Tage beim ZDF gezählt sind. 1970 ist der Sender längst etabliert. Alfred war quasi von Anfang an dabei, und er ist die Karriereleiter immer weiter hinaufgestiegen. Unterhaltungschef beim ZDF, das wäre der nächste logische Karriereschritt, und Alfred hat genug Selbstbewusstsein, um sich den Job zuzutrauen – aber will er ihn auch? Nein. Bevor es zur nächsten Beförderung kommen kann, kündigt er aus freien Stücken und »wagt den Sprung ins Ungewisse«. Bei der Gelegenheit gibt er auch gleich sein CDU-Parteibuch ab.

Er verlässt Mainz und geht nach München. Die neue Stelle, die er antritt – Unterhaltungschef bei der Bavaria Atelier GmbH –, liest sich auf dem Papier zwar wie ein »Schuster, bleib bei deinen Leisten«, aber die Bavaria ist ein Privatunternehmen. Hier muss nicht jede Idee bis zur Programmdirektion hochgereicht werden, hier kann man unmittelbarer und kreativer arbeiten. Die Bavaria ist »in der alten Bundesrepublik die einzige große Filmproduktionsgesellschaft Deutschlands«, mit der Westberliner UFA als einziger Konkurrentin.

München ist damals noch nicht ganz in den Händen der Schickeria; hier pulsiert das Leben, es herrscht »große Aufbruchsstimmung«, ein »internationales und heiteres Flair«. Alfred beginnt hier ein neues Leben. Er hat zehn Kilo abgenommen, lässt sich die Haare wachsen und üppige Koteletten stehen. Man sieht ihn in Lederjacke und mit Fliegerbrille durch die Stadt flanieren. Auch seine Homosexualität hat er sich inzwischen eingestanden. Offiziell erklärt er sein bürgerliches Leben für beendet. Er ist regelmäßig Gast im legendären *» Why not?«*, wo Donna Summer kellnert, bevor sie Mitte der Siebziger ihren Siegeszug als Disco-Königin antritt. Hier verkehren zahlreiche Schauspieler, Musiker und Tänzer, es ist ein offenes, sehr tolerantes Umfeld, in dem auch schwule Männer sich nicht verstellen müssen. Led Zeppelin und Roxy Music kehren hier nach ihren Shows ein, Romy Schneider oder Fassbinder und seine Truppe schauen hier vorbei. Bei einer Unterhaltung mit Kurt Raab und Rainer Werner Fassbinder bemerkt Letzterer launisch, Raab sei ja nur schwul, Biolek aber sei schwul und Jude. Das stimmt zwar nicht – Biolek ist nach wie vor Katholik –, aber der Kommentar gefällt ihm irgendwie. Der jüdische Humor spricht ihm ja immer schon aus der Seele, und mit einem Schmunzeln stellt er richtig: »Ich habe nur ein intelligentes Gesicht.« Manchmal verbringt Alfred vier Abende die Woche im *Why not?*, und wenn die Wirtin den Laden schließlich absperrt, nimmt er vielleicht noch jemanden mit zu sich nach Hause, um dort »weiterzureden, Spaghetti zu kochen [und] Rotwein zu trinken«. Mehr passiert aber nicht.

Alfred Biolek und der Heilige Gral der Comedy

Ganze 50 Jahre ist es her, da startete im Oktober 1969 eine Comedy-Truppe im britischen TV durch. Mit *Monty Python's Flying Circus* lieferten sechs durchgeknallte Mittzwanziger eine nachgerade anarchistische Sketchshow, wie man sie bis dato noch nicht gesehen hatte. Die überdrehten, manchmal völlig absurden Filmchen machten sich über alles und jeden lustig. Später folgten legendäre abendfüllende Werke wie *Monty Python and the Holy Grail* (»Die Ritter der Kokosnuss«) oder *Monty Python's Life of Brian* (»Das Leben des Brian«).

Heute kann man guten Gewissens behaupten, dass Monty Python das internationale Bild vom britischen Humor entscheidend mitgeprägt haben – ein nationales Kulturgut des britischen Empire. Anfang der Siebziger hat in Deutschland aber noch kaum jemand von der Truppe gehört. Humoristisch gesehen geht hier gerade die Ära Heinz Erhardts ihrem Ende entgegen, während Loriot erst in den Startlöchern steckt. Die späten *»Lümmel von der ersten Bank«*-Filme sind der Notnagel deutschen Humors. Da nimmt es kaum wunder, dass Biolek sich von Herzen für die wilde Komik Monty Pythons begeistern kann. 1971 ist er Unterhaltungschef der Bavaria, die statt auf Heimatfilme mittlerweile auf die Produktion von TV-Shows setzt, hauptsächlich im Auftrag von WDR und dem Süddeutschen Rundfunk. Hannes Hoff, der damalige Unterhaltungschef des WDR, lässt sich von Biolek überzeugen: Monty Python, die müssen wir nach Deutschland holen, die müssen hier gezeigt werden.

Leicht wird es nicht werden, die Truppe von der Sinnhaftigkeit des Unterfangens zu überzeugen, und als Biolek nach London aufbricht, hat er die Worte von Hannes Hoff im Ohr: »Bio, Sie müssen die einspeicheln.« Aber John Cleese, Graham Chapman und die anderen Pythons finden offenbar Gefallen an dem scharfsinnigen, witzigen Biolek, und so schafft er es, sie während eines feuchtfröhlichen Barbesuchs »mit vielen Argumenten und noch mehr Gin Tonics« davon zu überzeugen, sich wenigstens einen Eindruck von Deutschland zu verschaffen. Als er sich irgendwann am Urinal zwischen zwei der Pythons wiederfindet, wird die Sache besiegelt: »Wir kommen nicht nach Deutschland, aber wir kommen zu dir.« Wie feuchtfröhlich der Abend wirklich gewesen sein muss, zeigt auch die Reaktion der Buchhaltung, als Alfred seine Spesen abrechnet: »Mein Gott, was habt ihr denn alles gesoffen?!«, muss er sich fragen lassen.

Zunächst zahlt der WDR den sechs Herren dann tatsächlich ohne weitere Bedingungen alle Kosten für eine Woche München und Umgebung. Die Pythons sammeln Eindrücke, werden von Biolek durch die Stadt geführt, »nach Neuschwanstein, aber auch nach Dachau«. Sie mögen sich kaum von ihrem Fremdenführer trennen, und als sie sich dann doch mal anschicken, einen Tag ohne Biolek zu verbringen, stehen sie abends unter seinem Fenster und werfen Steinchen gegen das Fensterglas: »Alfred, wo bleibst du?«

Zurück in London, schreiben sie ein Drehbuch mit Sketchen, die mehr oder weniger auf den deutschen Markt zugeschnitten sind – natürlich in bewährt skurriler Monty-Python-Manier. Anschließend wird das Ganze ins Deutsche übersetzt und gefilmt. Die Pythons lernen ihre Texte, ohne die Sprache zu sprechen, und für Biolek, den begeisterten Hobbyschauspieler, fallen sogar ein paar kleine Auftritte als Statist ab. So spielt er unter anderem den »Unhold von Stuttgart«, der dem armen Rotkäppchen nachstellt, das vom eins sechsundneunzig großen, breitschultrigen John Cleese mit brachialer Anmut dargestellt wird. Ein echtes Herzensprojekt also ...

... und leider ein gewaltiger Flop. Die Kritiken sind wohlwollend, aber die Quote ist miserabel. Das kann auch eine zweite Folge – diesmal auf Englisch eingespielt und später synchronisiert – nicht ändern. Wenige Jahre später sind Monty Python auch in Deutschland absoluter Kult. Biolek hatte also den richtigen Riecher, er war nur ein paar Jahre zu früh dran.

Als 40 Jahre später in Köln das Monty-Python-Musical *Spamalot* in Köln zum ersten Mal auf eine deutschsprachige Bühne gebracht wird, darf der mittlerweile 74-jährige Biolek übrigens die Rolle des Erzählers übernehmen.

Biolek und Carrell – TV-Legenden unter sich

1974 folgt Biolek dem Ruf des WDR und zieht von München nach Köln, um dort einen Posten als »fester freier Redakteur« anzutreten. Hier wohnt er zentral, unweit des Hauptbahnhofs – ein ganz anderes Flair als das schicke Viertel, in dem er in München lebte.

Vor seinem Umzug ist eines seiner letzten Projekte in München die Show *Samstagabend mit Set* gewesen, mit der er dem niederländischen Komiker Seth Gaaikema (leicht eingedeutscht als Set Gaikema) zum Durchbruch in Deutschland verhelfen will. Die Show wird kein Erfolg, und der Plan, den blond gelockten Holländer zum nächsten Rudi Carrell aufzubauen, wird nach der zweiten, von Publikum und Kritik geschmähten Folge, eingestellt. In jener zweiten Folge ist indes Rudi Carrell selbst als Stargast zu sehen. Der smarte Holländer ist mit seiner *Rudi Carrell Show* enorm erfolgreich gewesen, hatte sich aber zum Ende des Vorjahres hin entschieden, diese nicht mehr fortzuführen. Stattdessen will er nun etwas machen, das zeitgemäßer ist – und er hat auch schon eine ganz konkrete Idee.

An der Bar des Hotels »Bayerischer Hof« in München zieht er Biolek nach der Aufzeichnung von *Samstagabend mit Set* ins Vertrauen. Er, Biolek, wechsle doch demnächst zum WDR. Was er dort denn machen werde? Biolek erklärt Carrell, dass das erste Projekt die Produktion einer Samstagabendshow für die ARD sei. Perfekt! Carrell erzählt ihm von seinem Plan, die populäre niederländische Show *Eén van de Acht* fürs deutsche Fernsehen zu adaptieren. Shows mit Kandidatenbeteiligung, da ist er sich sicher, sind die Zukunft der Samstagabendunterhaltung, und das hier wäre etwas ganz anderes als die biederen Quizshows, die es bisher gibt.

Bio kommt also nicht mit leeren Händen, als er seinen Dienst beim WDR antritt, und auch dort ist man von dem Konzept angetan. Schon im April 1974 flimmert die erste Folge von *Am laufenden Band* über die Bildschirme der Bundesrepublik – und wird ein voller Erfolg. Carrell als Moderator und Biolek als Produzent, das ist ein Gespann, das sich bestens ergänzt – wenn auch auf seltsame Art und Weise. Wie »Wein und Bier« seien sie gewesen, erinnert sich Biolek später. Carrell ist berüchtigt für sein leicht entflammbares Temperament. Läuft etwas nicht nach Plan, platzt ihm schnell der Kragen, dann zeigt sich »Rudis heiliger Zorn«, wie Alfred es nennt. Für Carrell gibt es neben ihm selbst nur Statisten, und weil man nie weiß, ob er nicht kurz vor Aufzeichnungsbeginn alles umwirft, heißt es in der Branche, bei ihm sei das Drehbuch erst am Tag nach der Sendung fertig. Aber er ist eben auch ein genialischer Vollprofi und Perfektionist. Von den Ideen, die der »in den Papierkorb geworfen hat, hätten andere ganze Sendereihen produziert«, davon ist Biolek überzeugt. Niemand sonst im deutschen Fernsehen arbeite »so diszipliniert, so fleißig und so zielstrebig«.

Biolek beobachtet und lernt viel. Wenn Carrell das begeisterte Publikum mit scheinbar spielerischer Leichtigkeit um den Finger wickelt, weiß er, wie viel Arbeit tatsächlich hinter all dem steckt. Aber auch Biolek nimmt Einfluss auf Carrell. Sein Intellekt drückt der Show einen Stempel auf, mit dem sie es auch ins Feuilleton schafft. Und als die DDR 1976 den Liedermacher Wolf Biermann ausbürgert und Carrell sich eine gefällige Pointe dazu zurechtlegt, ist es Biolek, der insistiert: Das geht zu weit, und das ist etwas, das Carrell als Holländer nicht beurteilen kann. Entweder fliegt der Witz aus der Sendung, oder Biolek lässt seinen Namen aus dem Abspann nehmen. Schließlich lenkt Carrell ein.

Vier Jahre machen die beiden gemeinsame Sache. *Am laufenden Band* schreibt Fernsehgeschichte. Doch schließlich ist es für Alfred an der Zeit, sich anderen Projekten zu widmen. 1978 gibt er den Job deswegen in andere Hände. Aus seiner Verehrung für Rudi macht er aber schon damals keinen Hehl und bekennt öffentlich, wie viel er von diesem gelernt habe. Carrell kontert grantig und ebenfalls öffentlich, das solle er wieder zurücknehmen, denn er, Biolek, sei »unfassbar schlecht«. So viel zu Rudis heiligem Zorn. Alfred verübelte ihm die Sache nicht allzu sehr, er kennt seine Pappenheimer. Jahre später schwärmt Carrell gegenüber der *Süddeutschen Zeitung* in höchsten Tönen von dem Kollegen, der zwar kein Showmaster wie er selbst, Kulenkampff oder Peter Alexander sei, aber »ein sehr guter Moderator«. Ein Urteil, dem Biolek uneingeschränkt zustimmt. Außerdem sei Biolek »ein sehr intelligenter Mensch, einer der integersten Menschen«, die Carrell je kennengelernt habe.

Zum 70. Geburtstag lädt Carrell Biolek ein. Dieser rechnet mit einem Auflauf deutscher Fernsehprominenz und staunt nicht schlecht, als er im engsten Familienkreis an der Seite des Jubilars sitzt. Ein gutes Jahr später tritt Rudi Carrell ein letztes Mal im Fernsehen auf, als er mit heiserer, vom Lungenkrebs gezeichneter Stimme die Goldene Kamera für sein Lebenswerk entgegennimmt. Die Laudatio hält – Rudis persönlicher Bitte folgend – Alfred Biolek.

Wer kommt, kommt

Rudi Carrell als Moderator zu beobachten ist für Alfred immer wieder ein Erlebnis. Wenn er selbst bisher vor die Kamera ging, hat er sich immer eher als Ansager betätigt. Aber nun juckt es ihn: Er möchte selbst ein Format machen, bei dem er Gastgeber ist. Er möchte in direkte Interaktion mit den Menschen treten, möchte mit ihnen ins Gespräch kommen. Einfach so zu seinem Arbeitgeber zu marschieren und um einen eigenen Sendeplatz zu bitten traut er sich indes noch nicht. Als Produzent ist er für eine der aktuell erfolgreichsten Shows im deutschen Fernsehen verantwortlich, aber das qualifiziert ihn ja nicht automatisch für den Moderatoren-Job. Er erinnert sich an ein Format aus Israel, von dem ein Freund ihm erzählt hat: *Mi sche ba, ba* – »Wer kommt, kommt« – heißt diese Talkshow, die einmal wöchentlich in einem Hotel in Tel Aviv stattfindet, ohne dass sie im Fernsehen oder im Radio übertragen würde. Es ist ein Live-Abend, den nur die Zuschauer vor Ort erleben. Auf die Bühne holt man regionale Künstler und solche, die gerade auf der Durchreise sind und eben Lust haben zu kommen. Die Idee gefällt Biolek, eine solche Show wäre der ideale Versuchsballon für ihn. Wenn er auf kleiner Bühne scheiterte, wäre das nicht weiter tragisch, wenn es aber ein Erfolg würde, wäre das vielleicht sein Ticket für den großen Sprung auf den Bildschirm.

Als Veranstaltungsort schwebt ihm ein alter Theatersaal vor, etwas mit Atmosphäre. Ihm fällt das »Senftöpfchen« ein, ein 1959 von Fred und Alexandra Kassen gegründetes Kabarett in der Pipinstraße, zu dessen Ensemble auch Brigitte Mira gehörte. Er mietet den Saal auf eigene Rechnung an.

Und so geht alles ganz schnell: Das Konzept steht, ein Veranstaltungsort ist gefunden. Als Titel der Reihe dient die deutsche Übersetzung des israelischen Originals: *Wer kommt, kommt.* Das Kölsch wird es für die Zuschauer dank eines Sponsors gratis geben, und sie sind aufgefordert, sich mit Fragen an die Gäste zu beteiligen. Am ersten Abend begrüßt Alfred im Februar 1975 neben den Schauspielerinnen Ortrud Beginnen und Waltraud Habicht auch die Kölner Bürgermeisterin Else Schmitt, die unbeabsichtigt für den Lacher des Abends sorgt, als sie die eigene Stadtverwaltung lobt: »Wir haben Beamte oder Menschen, die sehr hilfsbereit sind«, sagt sie ... und dann erst fällt ihr auf, dass diese Unterscheidung unfreiwillig komisch ist. Außerdem treten noch eine chilenische Popgruppe und eine damals noch recht unbekannte Kölner Band namens *Bläck Fööss* auf. Die bunte Mischung verschiedener Gäste erweist sich rasch als Stärke des Konzepts. Bei der nächsten Veranstaltung tritt neben Schlagerstar Roberto Blanco die Vorsitzende der Bundesprüfstelle für jugendgefährdende Schriften auf. Die Gäste der einzelnen Shows werden vorab nicht bekannt gegeben, aber trotzdem gehen die zehn Mark teuren Tickets weg wie warme Semmeln. Schon die vierte Show wird sogar im *Spiegel* angekündigt, der Biolek als »quirligen Mann mit traurigem Uhugesicht« beschreibt. Und im Anschluss schreibt der *Kölner Stadt-Anzeiger*: »Das Publikum saß dicht gedrängt und tobte vor Begeisterung.« Bedauernd fügt man hinzu, dass es eine solche Talkshow im deutschen Fernsehen wohl leider nie geben werde.

Tatsächlich aber ist Hannes Hoff, der Unterhaltungschef des WDR, regelmäßiger Gast im »Senftöpfchen«. Und er schaut sich Biolek sehr genau an, schließlich ist er auf der Suche nach einem Moderator für eine neunzigminütige Talkshow im Sonntagabendprogramm im Dritten. Schnell ist er überzeugt: Das ist der richtige Mann für den Job. Hoff überzeugt auch die Entscheidungsträger des WDR von seiner Wahl, und so wird im Januar 1976 in der *Rheinischen Post* eine neue Talkshow angekündigt, die Dr. iur. Biolek – »ein maghrebinischer Typ mit einem gewinnenden Lächeln, fernab juristischer Pingeligkeit« – gemeinsam mit Dieter Thoma moderieren wird. Das Studio ist ein Nachbau des »Senftöpfchens«. Und auch hier gibt es eine illustre Gästerunde, die so wohl in keiner anderen Sendung zusammengekommen wäre: Ingrid Steeger, bekannt aus der Blödel-Sendung *Klimbim*, trifft auf Heinz Kühn, den Ministerpräsidenten von Nordrhein-Westfalen. »Der letzte Schuhputzer am Kölner Dom« trifft auf »die frühere Chefsekretärin Konrad Adenauers«. Und auch das Moderatoren-Duo harmoniert hervorragend. Der etwas ältere und seriöser beleumundete Thoma soll sich eher um die Gäste aus der Politik kümmern, während Biolek für jene aus der Unterhaltungsbranche zuständig ist. Interessant wird es, wenn sie die Rollen tauschen, wie zum Beispiel beim CSU-Vorsitzenden Franz Josef Strauß, mit dem Biolek beim *Kölner Treff* die Friedenspfeife raucht. Es war nie Bioleks Angewohnheit, seine Gesprächspartner mit heiklen Fragen aus der Reserve zu locken, er will nicht den umstrittenen Politiker, sondern den Menschen Strauß zeigen. Und auch wenn es an der Sendung manche Kritik gab, kann man sagen: Strauß präsentierte sich unverstellt, frotzelte sich bräsig durch die Sendung und gab gerade deshalb ein fragwürdiges Bild ab. Als Alfred ihm erzählt, dass er selbst in München gelebt habe, entgegnet Strauß: »Da sehen Sie, wie tolerant mir san.«

Vier Jahre lang moderiert Biolek den *Kölner Treff*, dann will er sich auf seine neue Sendung *Bio's Bahnhof* und andere Projekte konzentrieren. Seine Nachfolge tritt Elke Heidenreich an. 2018, fast vier Jahrzehnte später, kehrt er als Gast in die Neuauflage seiner Talkshow zurück, die mittlerweile von Bettina Böttinger moderiert wird. Er sei nun in einem Alter, sagt der mittlerweile 84-Jährige, in dem er mit dem Rummel des Showgeschäfts abgeschlossen habe. Er sei halt alt. »Das akzeptiere ich und nehme mir das auch nicht übel.« Die unverkennbare Hochachtung, die ihm alle Anwesenden entgegenbringen, genießt er indes sichtlich. Ohne ihn säßen sie schließlich nicht hier.

Bio versteht Bahnhof ... wie kein Zweiter

Dass Alfred selbst der Moderator von *Bio's Bahnhof* sein würde, ist noch längst nicht klar, als man ihn 1977 bittet, ein Konzept für eine große Musikshow zu entwickeln, die sechsmal jährlich auf dem Sendeplatz am Donnerstagabend zwischen neun und halb elf laufen soll. Defini-

tiv ist er aber genau der richtige Ansprechpart-
ner für dieses Anliegen: Er liebt Musik. Nicht
nur die Oper, die er als junger Student mit Feu-
ereifer für sich entdeckte, sondern auch populäre Musik. In seiner Zeit bei der Bavaria hat
er in München jede Menge obskure Sachen gesehen, Travestie-Ensembles und andere Kleinkunst. Er findet, dass alles nebeneinander stattfinden kann. Er will die Grenze zwischen E- und
U-Musik, zwischen Klassik (ernster Musik) und
Pop (Unterhaltungsmusik) einreißen. Warum
soll nicht beides im selben Rahmen stattfinden
können? Nina Hagen oder ein Jagdbläser-Ensem-
ble, Karlheinz Stockhausen oder Milva? Biolek
möchte sich nicht entscheiden, sondern die unterschiedlichen Welten miteinander verbinden.
Bei der ARD ist man von dieser Idee sehr angetan. Allein, wer soll das Ganze moderieren?
Wem ist es zuzutrauen, so unterschiedliche
Künstler glaubwürdig unter einen Hut zu bringen? Es braucht jemanden, der seriös ist und
ein Verständnis von Musik mitbringt. Und so ist
es durchaus naheliegend, Biolek den Job gleich
selbst machen zu lassen. Der ist begeistert von
dem Angebot – und kündigt direkt seinen Job
als Redakteur. Nicht, weil seine Berufung zum
Moderator vom *Bahnhof* so lukrativ wäre. Die
Moderatorengehälter damals sind verhältnismä-

ßig bescheiden, und ob die Show ein Erfolg werden wird, kann natürlich niemand vorhersagen. Aber als Redakteur müsste er ja seine »Moderationsarbeit selbst kritisieren. Das geht nicht«. Stattdessen bekommt er zunächst »einen Jahresvertrag als Moderator einer Musiksendung«.

Ein Moderator ist gefunden, nun braucht es eine Location. Dafür wird der Münchener Bühnenbildner Dieter Flimm engagiert. Unter seinen Vorschlägen befinden sich ein Jazzkeller und eine leer stehende Schokoladenfabrik. Auch ein Dampfer und ein altes Bauernhaus werden in Erwägung gezogen. Aber nichts überzeugt so richtig. Schließlich stößt Flimm auf dieses Eisenbahn-Depot, in das »sogar richtige Züge einfahren« können. Das passt!

Optisch ist die Location ein Traum – akustisch jedoch stellt sie die Techniker vor eine große Herausforderung, denn die Devise lautet »Alles live!«. Damit soll die Show ein Gegenentwurf zu all den Musikshows sein, in denen die Schlagerstars ihre Hits zum Besten geben, indem sie zum Vollplayback vom Band die Lippen bewegen. Mit »verschiedenen Stellwänden und anderen Dämmkörpern« wird man dem Problem schließlich Herr.

Zur schwungvollen Musik einer Live-Band betritt Biolek schließlich im Februar 1978 zum ersten Mal die Bühne seines *Bahnhofs*. Er stellt sich vors Publikum, und aus einem Lautsprecher ertönt die Ansage: »Achtung an Bahnsteig 1, bitte zurücktreten!« – »Ham'se das gehört?«, wendet sich Biolek daraufhin an die Gäste. »Ich hab noch nicht angefangen, da soll ich schon zurücktreten.« Vergnügtes Lachen aus dem Publikum, und es geht los.

Die Neuentdeckung Kate Bush ist nicht das einzige Highlight dieser ersten Sendung. Die bis dato nahezu komplett unbekannte Künstlerin, die später zu einer absoluten Ikone der Popmusik aufsteigen wird, hat hier ihren ersten Fernsehauftritt überhaupt. Sie begeistert das Publikum mit einer Live-Darbietung ihrer Songs *»Kite«* und *»Wuthering Heights«*. Am Ende umarmt ein sichtlich hingerissener Biolek die liebreizende Sängerin. Er schenkt ihr eine Rose, die er einer Dame im Publikum abschwatzt, und sagt ihr eine große Karriere voraus. Wenn sie dereinst in großen Hallen spiele, solle sie aber nicht vergessen, dem Publikum dort zu sagen, dass ihre Karriere »im Depot der Köln-Frechen-Benzelrather Eisenbahn« begonnen habe. Ob sie das wiederholen könne? Nun, Kate kommt bis »Frechen«.

Aber immerhin: Bioleks Frage »Do you know any words in German?« beantwortet sie in fließendem Deutsch: »Nein«.

Es folgen Monika Hauff und Klaus-Dieter Henkler, ein Liedermacher-Duo aus der DDR. Für Biolek ist es eine Freude, die beiden bei sich begrüßen zu dürfen, und schon damals kristallisiert sich sein versöhnlicher Moderationsstil heraus: Wer nun eine politische Diskussion erwarte, möge lieber das Programm wechseln. Auch Panikrocker Udo Lindenberg, der Rockmusik mit deutschen Texten quasi erst möglich gemacht hat, gibt sich die Ehre. Außerdem tritt die Travestiegruppe *Les follies parisiennes* auf – alle sieben Mitglieder im selben Outfit als Mireille Mathieu verkleidet. Nacheinander kommen sie im Verlauf von Mathieus Hit *»Akropolis, Adieu«* auf die Bühne, einer grobschlächtiger als der andere, aber stilecht mit Perücke und Make-up. Eine herrlich alberne Nummer, die ohne Biolek vermutlich nie in der ARD stattgefunden hätte. Vicky Leandros beendet den bunten Reigen mit deutschem Schlager.

Die ersten Kritiken sind verhalten. Viele wissen mit dem Konzept der Sendung nichts anzufangen. Eine Travestiegruppe? Zwei Ostdeutsche, die eine Art frivoles Märchen zu waschechter Country-Musik vortragen? Wer hat sich denn das ausgedacht? Auch die Quote bleibt hinter den Erwartungen zurück, und natürlich dauert es deshalb nicht lange, bis im ZDF die Rufe nach mehr großen Namen und weniger Experimenten laut werden. Doch Biolek will sich nicht fügen. Es hat doch immerhin ein Viertel der Zuschauer bei dieser ersten Sendung eingeschaltet, und besser, man bedient diese 25 Prozent mit einem außergewöhnlichen, anspruchsvollen Programm, als dass man sich dem Massengeschmack fügt und sich so seines Alleinstellungsmerkmals beraubt.

Dass die Zusammenarbeit mit den öffentlich-rechtlichen Sendeanstalten nicht immer einfach ist, lernt Alfred in diesem Jahr auf die harte Tour. Die Kommunikation ist – gelinde gesagt – dürftig. Auch wenn durchaus geplant ist, die Sendung über das Jahr hinaus fortzusetzen: Niemand sagt Biolek das. Ein neuer Vertrag existiert auch im Dezember noch nicht. Auch bei der Auswahl der Gäste wünscht er sich mehr Freiheit und mehr Mut von den Programmverantwortlichen, seinen Ideen zu folgen. Also beschließt er, es drauf ankommen zu lassen. Er schreibt Hannes Hoff, der die Sendung produziert, einen Brief. Alfred bedankt sich für die »unglaubliche Möglichkeit, im ersten Programm eine eigene Sendung« moderiert haben zu dürfen, und gibt seinen Rückzug von der Show bekannt.

Er pokert – und mit dem Ergebnis hat er vielleicht selbst nicht gerechnet: Hannes Hoff, der sich immer für die Sendung stark gemacht hat, schlägt ihm vor, *Bio's Bahnhof* in Zukunft selbst zu produzieren. Als privater Anbieter hätte Biolek nicht dieselben finanziellen Vorgaben zu beachten, denen sich der WDR nun einmal fügen muss. Dort gibt es eine Obergrenze für Künstlergagen, an der auch Hoff nicht rütteln kann. Eine private Produktionsfirma könnte mit demselben Budget anders arbeiten: Ein internationaler Superstar wie Caterina Valente könnte eine Spitzengage bekommen, während sich ein regionaler Kleinkünstler vielleicht mit den Reisespesen und der Möglichkeit zufriedengeben würde, seine Kunst einem nationalen Publikum präsentieren zu dürfen. Biolek ergreift die Gelegenheit beim Schopf und gründet zusammen mit Andreas Lichter, der ihn bei seinen Recherchen für den *Kölner Treffer* und *Bio's Bahnhof* ohnehin schon unterstützt, die Produktionsfirma Pro GmbH. Was heute gang und gäbe ist, dass Moderatoren ihre eigenen Sendungen produzieren, war damals ein Novum.

Es geht also weiter mit der Sendung, und was Biolek anfangs vermeiden wollte – dass Redaktion und Moderation in einer Hand liegen –, gereicht ihm nun zum Vorteil. In den folgenden vier Jahren bietet *Bio's Bahnhof* jene einzigartige Mischung aus internationalen Superstars wie Benny Goodman, Ray Charles und Nana Mouskouri sowie noch unbekannten Künstlern wie Herbert Grönemeyer oder dem Countertenor und Pop-Alien Klaus Nomi. Im März 1982 gelingt Biolek schließlich sein größter Triumph: Sammy Davis Jr., Mitglied des legendären *Rat Pack* um Frank Sinatra, kommt ins Köln-Frechen-Benzelrather-Eisenbahndepot. Mehr Weltstar geht kaum. Die Liste mit Sonderwünschen, die die Manager von Davis vorlegen, ist schier endlos – allein mit der Getränkeauswahl könnte man eine bestens sortierte Bar bestücken. Aber natürlich nimmt man in Frechen bereitwillig alle Mühen auf sich, und als der gerade mal eins fünfundsechzig große Riese des Showbusiness ankommt, ist man auf alles vorbereitet. »Gegen einen Schluck Portwein habe er nichts einzuwenden«, erklärt er Alfred, dem eifrigen Gastgeber, als dieser sich nach Sammys Befinden erkundet. Doch wie könnte es anders sein: Von allen georderten Getränken wurde ausgerechnet der Portwein vergessen. Persönlich greift Biolek zum Hörer, um Milva anzurufen, die ebenfalls in der Sendung auftreten wird. Ob sie eine Stunde früher zur Probe kommen und eine Flasche Portwein mitbringen würde? Milva willigt ein und schleppt eigenhändig den Portwein für Sammy Davis Jr. nach Frechen. Kaum kommt sie an, schnappt Biolek sich die Flasche und eilt zurück zum Superstar. Der ist erfreut – und fragt im nächsten Augenblick nach den Portweingläsern. Auch das noch! Aber auch hier weiß der perfekte Gastgeber zu improvisieren. In Köln habe man spezielle Gläser, klärt er Sammy Davis Jr. auf und serviert den edlen Süßwein kurzerhand in Kölschgläsern.

Souverän wie immer führt Biolek anschließend durch die Sendung, und als Highlight der Sendung tritt Sammy Davis Jr. natürlich ganz zum Schluss auf. Alfred platzt fast vor Stolz, diesen außergewöhnlichen Künstler präsentieren zu dürfen. Sammy Davis Jr. singt einen der Klassiker schlechthin – »New York, New York« –, dann lässt er sich kurz vom Gastgeber interviewen. Bevor er die zweite Nummer anstimmt, bittet er darum, noch etwas sagen zu dürfen.

Seit 53 Jahren sei er nun im Showbusiness, sagt der 56-Jährige, aber nie zuvor habe er das Vergnügen gehabt, in einer Sendung aufzutreten, die so einzigartig und deren Programm so wunderbar durchmischt gewesen sei. Man sieht ihm an: Das meint er genau so, wie er es sagt. Der größte lebende Entertainer der Welt, wie Sammy Davis Jr. von vielen genannt wird, erhebt Alfred Biolek mit diesen Worten endgültig in den Ritterstand der deutschen TV-Moderatoren. Ein schöneres Lob kann er sich nicht vorstellen. Trotzdem wird er sich sicherlich auch über den Adolf-Grimme-Preis gefreut haben, mit dem *Bio's Bahnhof* 1983 ausgezeichnet wird.

Auf neuen Gleisen

Am WDR liegt es nicht, dass Bio im Herbst 1982 beschließt, seinen *Bahnhof* einzustellen. Dort hätte man die Sendung gern fortgeführt; Alfred aber findet, dass es an der Zeit ist, sich neuen Projekten zu widmen. ›Gehen, wenn's am schönsten ist‹, dieser Devise schließt er sich seit jeher an. Also macht er sich an die Arbeit, um ein Konzept für eine neue Show auf die Beine zu stellen. Der *Bahnhof* war ein Event, das nur sechsmal im Jahr stattfand; ein Show-Spektakel, bei dem sich die Stars die Klinke in die Hand gaben. Biolek möchte lieber ein monatliches Format mit weniger Bombast haben, »statt der großen Namen wieder mehr Performance und Kleinkunst«. Die Gespräche mit den Gästen sollen ebenfalls wieder mehr in den Vordergrund rücken. Außerdem soll es diesmal wieder ein Fernsehstudio sein, eine nüchterne Kulisse, die nicht vom Inhalt der Sendung ablenkt.

Bei Bio feiert im März 1983 Sendestart, aufgenommen vor 99 Studiozuschauern. Es gibt Talk, Kleinkunst und am Ende doch wieder einen Hochkaräter, der die Sendung abrundet: Santana, einer der berühmtesten Gitarristen der Welt, greift in die Saiten. Aber Kritik und Zuschauer sind nicht überzeugt. Biolek, wenn er ehrlich ist, auch nicht. Die Sendung sei nicht Fleisch und nicht Fisch gewesen, sagt er später selbstkritisch. Auch ein versuchter Neustart mit aufwendigerer Kulisse und größeren Stars verhilft der Show nicht zum gewünschten Erfolg. Ein Jahr später erklärt Biolek das Experiment *Bei Bio* für gescheitert. Bevor es zu Ende geht, hat im Oktober 1984 noch eine bis dahin recht unbekannte Düsseldorfer Band ihren ersten Fernsehauftritt im Abendprogramm: Die Toten Hosen versuchen sich daran, den Punk ins öffentlich-rechtliche TV-Programm zu bringen. Nicht nur beim WDR hat man große Bedenken, auch die Punker selbst sind skeptisch. Ein Auftritt bei Biolek – auch wenn dessen Sendungen für eine enorme musikalische Bandbreite stehen, die auch ihnen Respekt abnötigt – könnte dem Image der Band schaden. Aber man wirft die Bedenken über Bord, und so sitzt eine Horde hochnervöser Punkrocker bei Biolek. Sänger Campino stopft während des Interviews massenhaft Erdnüsse in sich rein, als wäre er halb verhungert. Aber Alfred findet die jungen Männer sympathisch, und so lädt er sie ein, ihn mal daheim zu besuchen.

Als die jungen Wilden den gediegenen Showmaster in seiner Kölner Wohnung treffen, hält dieser ein 25-Liter-Fass Kölsch bereit. Für die Punks aus Düsseldorf ist das allerdings fast schon ehrenrührig, und obwohl nur einer aus der Band annähernd Ahnung von Wein hat, schickt man Biolek in den Keller, um Wein zu holen. Währenddessen wird das Kölsch-Fass kurzerhand in den Ausguss gekippt. Und als die Jungs den Whirlpool im Badezimmer entdecken, lassen sie ihn volllaufen, geben allen verfügbaren Badeschaum ins Wasser und lassen es sich im Pool gut gehen, während Biolek fleißig weiter Weine aus dem Keller holt. Nur die besten Tropfen, was die jungen Punker natürlich überhaupt nicht zu würdigen wissen. Aber das Vertrauen, das der Gastgeber ihnen entgegenbringt, rührt sie irgendwie. insbesondere zwischen dem ungleichen Gespann Biolek und Campino entwickelt sich eine Freundschaft, die über die Jahre Bestand hat. Als Campino und Gitarrist Kuddel zwölf Jahre später bei *alfredissimo!* zu Gast sind, bringen sie sich allerdings ihr eigenes Bier mit.

Für Biolek geht es nach *Bei Bio* weiter mit einer Quizshow, die heute so gut wie in Vergessenheit geraten ist: *Mensch Meier* bietet zwar musikalisch absolut hochkarätige Gäste – unter anderem Shirley Bassey, Paul McCartney, Caterina Valente, Tom Jones und Elton John geben sich die Ehre –, aber die Mischung aus Talk, Quiz und Event will beim Publikum nicht so richtig zünden. Rückblickend bezeichnet Biolek die Show als diejenige, bei der er am wenigsten er selbst war.

Offen, nicht öffentlich

»Warum kann der nicht einfach sagen: Ich bin schwul«, ärgert sich der Regisseur Rosa von Praunheim am 10. Dezember 1991. Die Frage – gestellt im Rahmen der RTLplus Talkshow *Explosiv – Der heiße Stuhl* – zielt auf den damals bereits 57-jährigen Biolek, der seine Homosexualität bis zu diesem Zeitpunkt nie öffentlich thematisiert hat. Von Praunheim outet in dieser Sendung auch den Comedian und Moderator Hape Kerkeling, dessen Karriere dank der Sketch-Show *Total Normal* gerade so richtig in Fahrt kommt. Zwei der beliebtesten deutschen TV-Gesichter werden an diesem Abend öffentlich geoutet. Von Praunheims Motivation ist die Aids-Krise, die Anfang der Neunziger einen ersten dramatischen Höhepunkt erreicht: Zahllose schwule Männer sterben, von der Politik weitgehend im Stich gelassen, durch den Paragrafen 175 nach wie vor diskriminiert. Es fehlt an Vorbildern, Personen des öffentlichen Lebens, die erfahrbar machen, dass Homosexualität kein Stigma sein muss.

Biolek hält sich bedeckt. Es ist nicht so, dass Praunheim ihm eine Maske vom Gesicht gerissen hätte. Bio hat sich der Öffentlichkeit nie mit einer Frau an seiner Seite präsentiert, aber durch seine bürgerliche Erziehung ist für ihn – Jahrgang 1934 – ein zurückhaltender Umgang mit diesem Thema zwingend. Ein selbstbewusstes Leben als schwuler Mann ist für die allermeisten seiner Generation nicht denkbar – zu groß ist die Wahrscheinlichkeit, geächtet und vom Gesetz verfolgt zu werden. Noch dazu war seine Homosexualität für ihn lange Zeit etwas, das er nicht wirklich begreifen konnte, wofür er nicht einmal Worte hatte. In seiner Biografie erzählt er, wie er als junger Mann in Paris mit einem anderen Jungen das Bett teilt. Die durchgelegene Matratze sackt in der Mitte nach unten, sodass die beiden unweigerlich eng beieinander liegen. Alfred hat großes Gefallen an seinem Nebenmann, vor Aufregung über die körperliche Nähe kriegt er die ganze Nacht kaum ein Auge zu. Er schiebt es auf den Verkehrslärm vor dem Fenster. Dass es Erregung oder gar ein Verliebtsein sein könnte, das ihn wachhält, kommt ihm überhaupt nicht in den Sinn.

Nach Ausstrahlung der *Explosiv*-Sendung schlägt die Presse zwar nicht zu knapp auf von

Praunheim ein, dessen Zwangs-Outing als der eigentliche Skandal gehandelt wird, Biolek und Kerkeling schadet die Aktion indes nicht. Im Nachhinein, so von Praunheim, habe Biolek sein Vorgehen »positiv bewertet«. Dieser spricht in späteren Jahren in mehreren Interviews offener über seine Sexualität und das Outing. So habe er nie mit einer Frau geschlafen, habe sich aber auch, als er kurzzeitig in New York lebte, nie in die Darkrooms der Schwulenbars gewagt. Er sei es aus Deutschland gewohnt gewesen, seine Homosexualität zu verstecken. Und ja, ein bisschen sauer sei er auf Praunheim zunächst gewesen, es sei wie ein harter Schlag auf eine ohnehin schon schmerzende Stelle gewesen – aber »dann war der Schmerz auf einmal weg«. Ohnehin war es nie Bioleks Art, sein Privatleben in den Medien zu präsentieren. Er habe, so schreibt er auch im Vorwort seiner Biografie, »in jeder Hinsicht offen gelebt, aber nie öffentlich«.

Es rührt ihn allerdings durchaus, dass auch Jahre später noch junge Männer zu ihm kommen und ihm erzählen, wie sehr sein Outing ihnen geholfen hat. Junge Männer, deren Eltern und Großeltern allein durch das Wissen, dass Biolek schwul ist, einen ganz neuen Zugang zum Thema Homosexualität gefunden haben: Wenn der auch ›so einer‹ ist, dann kann das doch nichts Schlimmes oder Falsches sein. Biolek, den kennen sie schließlich seit vielen Jahren aus dem Fernsehen, der ist klug, witzig, charmant und erfolgreich. Dann wird auch der eigene Spross seinen Weg finden.

Wenn Biolek darüber spricht, dass er sich so vieles nicht getraut habe, dass er erst so spät verstanden habe, dass es für das, was er ist, ein Wort gibt, dass auch er ein Liebesleben haben kann, dann klingt dabei keine Verbitterung durch. Eher eine Wehmut. Ganz sicher wird es ihn trotzdem gefreut haben zu erleben, wie am 1. Oktober 2017 nach jahrelangen Diskussionen (und gegen den Widerstand eines Großteils der Unionsfraktion) das »Gesetz zur Einführung des Rechts auf Eheschließung für Personen gleichen Geschlechts« in Kraft trat.

Boulevard Bio – **Ein Bollwerk der gepflegten Unterhaltung**

Ein Boulevard ist laut dem Online-Lexikon *Wikipedia* eine »breite, von Bäumen flankierte, entlang einer ehemaligen Stadtmauer verlaufende Straße«. In der Medienbranche hat das Wort freilich noch eine andere Bedeutung; dort steht die »Boulevardpresse« für die mehr oder weniger sensationslüsternen, in großer Auflage erscheinenden Publikationen, die insbesondere früher vor allem im Straßenverkauf (daher auch der Name) angeboten wurden – die Klatschpresse also. Das Wort Boulevard ist dem Mittelniederländischen *bulwerc* (deutsch Bollwerk) entlehnt.

An ein Bollwerk denkt Biolek jedenfalls nicht, als es darum geht, einen Titel für die neue Talkshow zu finden, die er für Das Erste moderieren soll. Und statt Klatsch bevorzugt er jederzeit ein gutes Gespräch auf Augenhöhe. Er hat vielmehr den Boulevard Saint-Germain vor Augen, jene legendäre Straße in Paris, auf der »sich früher Emigranten wie Klaus Mann und Joseph Roth trafen«. Er denkt an einen Ort, an dem sich Not und Glanz, das Noble und das Praktische begegnen. *Boulevard Bio* – der Vorschlag begeistert ihn.

Die ersten Sendungen von Bios neuer Show sitzen noch nicht so richtig. Es fehlt eine Klammer, die das Ganze schlüssig zusammenhält, und so holt man sich Rat beim Kölner Medienprofessor Horst Königstein. Der schlägt vor, nicht einfach nur Gäste einzuladen, die man gern in der Sendung haben würde, sondern für jede Show ein Oberthema festzulegen, etwas, das einen gemeinsamen Nenner unter den Anwesenden schafft. Und tatsächlich, plötzlich fühlt sich alles richtig an, die Puzzleteile passen zusammen.

Biolek spürt schnell, dass diese unaufgeregte, verbindliche Talkshow ihm liegt; »irgendwie war ich angekommen«, sagt er seinem Biografen Schmidinger viele Jahre später. Das Bühnenbild ist schlicht und orientiert sich an Bioleks eigenem Wohnzimmer. Statt in tiefen Sesseln zu fläzen, sitzen die Gäste – meist sind es drei oder vier pro Sendung, die nacheinander interviewt werden – auf schlichten Holzstühlen. So ist man einander zugewandter. Und auch für die Zuschauer daheim vor dem Fernseher ist Bioleks aufrichtiges Interesse an seinem Gegenüber spürbar. 1996 lobt die *Berliner Zeitung* in einer Rezension: »Bio ist neugierig, aber nie sensationslüstern.« Es sei faszinierend, wie er sich in die unterschiedlichen Menschen hineinversetzen könne, »teilnahmsvoll, aber nie heuchlerisch«. Die Art, wie Biolek seine Gäste interviewt, stößt bei anderen Medien zwar durchaus auch auf Kritik, aber sie bewährt sich und führt zu zahlreichen Höhepunkten deutscher Talk-Kultur. Er bedrängt seine Gäste nie und gibt ihnen dadurch ein Gefühl der Sicherheit, das sie von selbst erzählen lässt. Er ist empathisch, darum muss er keinen Betroffenheitskult inszenieren. Er ist vorbereitet, das spüren auch seine Gäste, aber es geht ihm nie darum, sein Wissen gegen sie zu verwenden. »Biolek weiß viel, verwendet aber wenig«, beschreibt der Reporter Wolfgang Korruhn dieses Prinzip. Und Bio selbst fasst es einmal so zusammen: »Wirke nie gescheiter als deine Gäste.«

Biolek gelingen einige bewegende Sendungen, die so vermutlich nur er hat schaffen können. Er spricht mit Obdachlosen und Deserteuren, mit Holocaust-Überlebenden und Behinderten, sogar der Dalai Lama höchstpersönlich kommt zu einem einstündigen Gespräch nach Köln. Der Literaturkritiker Marcel Reich-Ranicki, der sich nie scheut, seine Meinung wortreich und lautstark in die Kamera zu krakeelen, spricht in einer Sendung den herrlich selbstironischen Satz: »Im Grunde bin ich ein bescheidener, schüchterner und wortkarger Mensch.« Biolek quittiert es mit einem Lachanfall, der ihn bald vom Stuhl reißt. Ebenso wenig scheut Bio leichte Unterhaltung, wenn er mit Dolly Buster oder Dieter Bohlen spricht. Besonders kritisch wird die Presse indes, wenn er sich politische Hochkaräter ins Studio holt. Helmut Kohl begibt sich 1996 nach vierzehn Jahren Kanzlerschaft zum ersten Mal überhaupt in eine Unterhaltungssendung. Biolek bleibt seinem harmlosen, versöhnlichen Befragungsstil treu. Dass der notorisch nachtragende und kritikunfähige Bundeskanzler hier kein verbissenes Nachhaken, keine übergriffigen Investigationen zu befürchten hat, wird sicherlich ausschlaggebend dafür gewesen sein, dass er einem Auftritt bei Boulevard Bio überhaupt zugestimmt hat. Der Talk mit Biolek liefert denn auch eher »Bekanntes und Bekenntnisse der leichten Art«, wie *Die Welt* es formuliert. Auch die Sendung mit dem russischen Präsidenten Wladimir Putin und Kohls Nachfolger, dem deutschen Bundeskanzler Gerhard Schröder, bleibt 2002 ein zumeist unpolitischer Plausch, in dem sich Biolek immer wieder an der persönlichen Beziehung der beiden mächtigen Staatsmänner abarbeitet. Politisches kommt nur am Rande vor, stattdessen geht es um Bier und Wodka.

Die Rezensionen zu solchen Sendungen fallen bestenfalls lauwarm aus. Das entgeht Biolek natürlich nicht, aber es ist ja nicht so, dass er unvorbereitet in die Sendungen gegangen wäre oder sich von der Präsenz der Gäste hätte einschüchtern lassen. Er hat die Gespräche eben so geführt, wie es sich für einen guten Gastgeber der alten Schule gehört. Außerdem muss er auch die Einschränkungen bedenken, die sein Sendeplatz – immer dienstags um 23 Uhr, also zu nachtschlafender Zeit – mit sich bringt. Der wahre Feind ist das Bett, wie Biolek es formuliert. Und auch deshalb gilt: »Informationen kannst du vergessen, Emotionen halten wach.«

Investigativen Journalismus überlässt er sowieso lieber anderen. Er will, dass die Menschen sich bei ihm wohlfühlen, dass sie sich den Zuschauern von einer persönlichen Seite zeigen. Insofern steht das Bedürfnis des Moderators hier den Erwartungshaltungen der Presse entgegen.

Die Neunziger sind das Jahrzehnt der Talkshow-Formate schlechthin. An den Nachmittagen quasseln sich auf den privaten Sendern zahllose Moderatoren gemeinsam mit ihren Gästen durchs Programm – je mehr Shows dazukommen, desto fragwürdiger werden deren Inhalte. Hans Meiser, Arabella Kiesbauer, Andreas Türck, Bärbel Schäfer, Oliver Geissen,

Vera Int-Veen und Sonja Zietlow sind eine völlig neue Generation von Talkmastern, und 2001 räumt auch Biolek ein, dass sein Format – auch wenn es noch immer gern geschaut wird – im Vergleich zu den Shows der »jungen Wilden« aus einer anderen Zeit kommt. Da läuft *Boulevard Bio* bereits seit zehn Jahren. Die Berichterstattung zum Jubiläum hebt immer wieder hervor, wie schön es ist, dass es solch eine Show noch gibt. Die Einschaltquoten sind immer noch solide. Harald Schmidt dürfte neidisch auf die 18,9 Prozent-Quote sein, die Biolek noch immer einfährt. In einem Meer aus Krawall-Talkshows bleibt *Boulevard Bio* ein zuverlässig unaufgeregtes Format. Aber natürlich ist so ein Format auch nur in den Öffentlich-Rechtlichen möglich: Eine Show, bei der drei Viertel der Zuschauer über 50 Jahre alt sind, hätte bei RTL keine Chance. Zwei Jahre lang macht Biolek noch weiter, dann beschließt er, dass es Zeit ist, den *Boulevard*, den er zwölf Jahre lang so souverän entlangflanierte, zu verlassen. Zu Hause, in seiner Kölner Wohnung, hängen noch immer Dutzende seiner Moderationskarten gerahmt an der Wand. 2018 hat er prall gefüllte Kartons an das Kölner Archiv übergeben – voll mit Unterlagen, die belegen, wie akribisch er sich tatsächlich auf alle Sendungen vorbereitet hat.

alfredissimo! – Minutiöse Lockerheit

Kochsendungen gehören quasi seit jeher zum Fernsehen. Die legendäre britische Sendeanstalt BBC produzierte bereits in den Dreißigern eine Show, in der ein Franzose namens Marcel Boulestin »den Engländern das Kochen beibringen wollte«. Ebenfalls von der französischen Küche inspiriert war die herrlich überdrehte Julia Child, die in den USA seit 1963 in der enorm erfolgreichen Sendung *The French Chef* Gerichte vor der Kamera zubereitete. In Deutschland hatte der erfolglose Schauspieler Carl Clemens Hahn die Figur des Clemens Wilmenrod erfunden, mit der er ab 1957 zum ersten Fernsehkoch der Nation avancierte. Dem Zeitgeist folgend bereitet er einfache Gerichte zu – oft mit Dosenware und Fertigsaucen –, die er mit ausgefallenen Namen adelte. Bei ihm wurde ein paniertes Schnitzel zum ›Venezianischen Weihnachtsschmaus‹. Auch die Erfindung des Toast Hawaii wird ihm zugeschrieben.

Aber Mitte der Neunziger haben sich die Zeiten geändert. Und Biolek wäre auch nicht Biolek, wenn er einfach altbekannte Konzepte neu auflegen würde. *Man nehme …* ist der Arbeitstitel der Kochsendung, die er und Claus Lüttig mit dem WDR für Das Erste produzieren wollen. Obwohl: ›Kochsendung‹, da würde Biolek gleich schon widersprechen. Es soll keine Kochsendung werden, sondern eine Talkshow, in der gekocht wird. Wie schon zuvor bei *Bio's Bahnhof*, wo er seiner Liebe zur Musik eine Bühne geschaffen hat, will er auch mit der neuen Sendung eine persönliche Seite von sich einbringen. Alfred hat das Kochen nie professionell gelernt, aber schon seit Jahren liebt er es, wenn sich zahlreiche Gäste bei ihm zusammenfinden, die er bekochen und mit ausgesuchten Weinen bewirten kann. Der Prozess des Kochens, an dem sich die Freunde gern beteiligen dürfen und sollen, ist für ihn dabei nicht weniger wichtig als das anschließende Dinner.

Gemeinsam Kochen und sich unterhalten – das ist auch die zentrale Idee der Show, die schließlich unter dem Titel *alfredissimo!* nach den Weihnachtsfeiertagen 1994 erstmals auf Sendung geht. Die Schauspielerin und Kabarettistin Marianne Sägebrecht serviert ›Ente bayrisch-surinamisch‹, Alfred reicht dazu Serviettenknödel. Noch bevor das Jahr endet, laufen an den drei darauffolgenden Abenden weitere Sendungen mit dem Boxer Henry Maske, der Journalistin Franca Magnani und dem Talkmaster Hans Meiser. In unter 30 Minuten werden hier zumeist eher einfache, aber ansprechende Rezepte vorgestellt und gekocht. Der Gast präsentiert ein von ihm vorgeschlagenes Gericht, Biolek zumeist etwas dazu Passendes. Gerade weil hier keine Profiköche am Werk sind, wird dem Zuschauer vermittelt: Das wird so schwer nicht sein, das kann ich auch. Gegen Einsendung eines frankierten Rückumschlags kann man sich die Rezepte der jeweiligen Sendung zuschicken lassen.

Natürlich wird *alfredissimo!* ein Erfolg. Zunächst bestellt Das Erste 26 Folgen. Am Ende werden es 459 sein. Stärker als in seinen bisherigen Shows kann Biolek sich hier als Entertainer präsentieren – ohne dass er es allzu sehr geplant hätte. Sein ›Mhmmm‹, mal schwärmerisch lang gezogen, mal unverbindlich knapp, wird schnell zu einem Markenzeichen. Auch die fest zur Sendung gehörenden Weinverkostungen, bei denen die Gläser großzügig gefüllt werden, liefern Steilvorlagen für so manche Parodie. Und vermutlich nicht nur hinter den Kulissen, sondern auch in vielen deutschen Wohnzimmern werden Wetten darauf abgeschlossen, wie lange es diesmal dauern wird, bis Biolek seine Mutter erwähnt. Von ihr und seinen Tanten hat er immerhin einige seiner besten Rezepte.

Wenn bei *alfredissimo!* Caterina Valente im ›Belgian Beef‹ rührt (»Nicht nur Rinder finden das eine Wahnsinnssache«, schreibt *Der Spiegel* dazu) oder Peter Maffay sein Auberginenmousse zubereitet, während Alfred nebenher sein eigenes Gericht kocht, die Pfeffermühle schwingt und das Gespräch am Laufen hält, dann wirkt das alles völlig mühelos und aufwandsarm. Was die Zuschauer aber nicht zu sehen bekommen, ist der immense logistische Aufwand, der hinter der Aufzeichnung einer Sendung steckt. 41 Folgen pro Jahr werden produziert, aber abgedreht wird – wie bei vielen wöchentlichen Formaten üblich – im Bündel. In den letzten Jahren von *alfredissimo!* werden in einer einzigen Arbeitswoche neun Folgen in den Kasten gebracht.

Drei Tage lang, »von Montag bis Mittwoch, werden die Rezepte ausprobiert«. Besonders wichtig ist natürlich das Timing. Manchmal wird ein Käsekuchen-Rezept siebenmal gebacken, bis alles passt. Jeder einzelne Handgriff wird geprobt. Für jede Sendung wird ein detaillierter Ablauf geschrieben, der »auf die Minute genau« festlegt, wann geschnitten oder gewürzt, gerührt oder geschält wird. Nur so ist zu gewährleisten, dass am Ende einer Sendung auch tatsächlich zwei fertige Gerichte verkostet werden können. Nach drei Tagen akribischer Vorbereitung wird dann an den drei Folgetagen gedreht – und zwar drei Folgen pro Tag. Auch dies eine logistische Großtat.

Dank Bioleks entspannt-heiterer Art wirkt das Resultat aber immer ganz beiläufig. Wenn Udo Kier lieber von dem Pianisten Liberace schwärmt, statt endlich die Garnelen in die Soße zu geben, wedelt der Regisseur hinter der Kamera aufgeregt mit einer roten Karte, auf der groß die passende Regieanweisung steht. Alfred bleibt entspannt, gibt selbst noch ein Anekdötchen zum Besten, bevor er »wie nebenbei vorschlägt, jetzt doch vielleicht die Garnelen zu dünsten«. Nie bekommt der Zuschauer mit, wie viel Aufwand es bedeutet, das alles so locker wirken zu lassen.

Die Küche im Studio ist übrigens tatsächlich eine detailgetreue Nachbildung von Bioleks eigener Küche – nur der Esstisch fehlt. Auch in den Schubladen und Schränken ist alles so angeordnet wie bei ihm zu Hause. So fällt es ihm leichter, alle benötigten Utensilien jederzeit griffbereit zu haben.

Neben den konstant hohen Einschaltquoten sind auch die Bücher zur Show, die zuverlässig zu Bestsellern avancieren, Zeugnis davon, wie populär *alfredissimo!* ist. Sogar Küchenutensilien unter dem Label der Sendung gibt es bald zu kaufen.

Fast zwölfeinhalb Jahre läuft Bioleks Küchen-Talk, am 28. April 2007 wird schließlich die letzte Folge ausgestrahlt: Alice Schwarzer, mit der Alfred auch privat eng befreundet ist, serviert Austern mit einem Avocado-Mango-Salat, Biolek reicht dazu einen Bohnen-Feta-Topf. Mit dem Ende von *alfredissimo!* endet auch eine unvergleichliche Fernsehkarriere. Biolek ist 72 Jahre alt, und auch wenn er nicht plant, sich gänzlich aufs Altenteil zurückzuziehen, so ahnt er doch, dass es an der Zeit ist, die Bühne dem Nachwuchs zu überlassen. Auch die öffentlich-rechtlichen Sendeanstalten unterliegen mittlerweile einem Quotendruck; alles wird modernisiert, viele altgediente Formate fliegen aus dem Programm oder werden den vermeintlichen Erwartungen des Publikums angepasst. Darauf hat Bio verständlicherweise keine Lust. Es ist Zeit, den Kochlöffel abzugeben – das Leben geht schließlich weiter.

Biolek als UN-Sonderbotschafter

Für Biolek ist es eine Selbstverständlichkeit, auf der Straße von Leuten erkannt und angesprochen zu werden. Er findet das nicht schlimm, im Gegenteil. Wenn er manchmal arglos mit Menschen ins Gespräch kommt und man ihm nicht irgendwann zu verstehen gibt, dass man natürlich weiß, dass er ›der Biolek‹ ist, kann ihn das bisweilen regelrecht verunsichern.

Seine Prominenz ist auch der Grund, warum man ihm 2001 anträgt, sich als Sonderbotschafter für die Vereinten Nationen zu engagieren. Er soll als Sprecher für den UN-Bevölkerungsfonds UNFPA arbeiten, »der sich für Sexualaufklärung, Verhütung und Aids-Prävention einsetzt«. Und wenn er dann im Rahmen dieser Aufgabe nach Tansania oder Kenia reist, ist es plötzlich ganz normal, dass ihn niemand erkennt. Dann erzählt er den staunenden Jugendlichen, dass er daheim in Deutschland ein *celebrity* ist.

Bioleks Einsatz spielt sich zunächst hauptsächlich in Ländern ab, in denen sich die jeweilige Regierung sowie die katholische Kirche gegen eine verantwortungsbewusste, lebensnahe Aufklärung der Menschen stemmen; stattdessen herrschen dort Aberglaube und Unwissen, die der Grund für hohe HIV-Infektionsraten und zahlreiche ungewollte Schwangerschaften junger Mädchen sind.

Wenn ihn in einer Provinzstadt mitten im Nirgendwo die kenianische Jugend »mit Gesängen und Tänzen begrüßt«, ist Alfred tief gerührt. Diese aufrichtige »Welle von Sympathie und Begeisterung« entschädigt den mittlerweile fast 70-Jährigen für die Strapazen der endlosen Reisen. Dass er daheim in Deutschland keine Zeitung kaufen kann, ohne erkannt zu werden, ist hier völlig egal. Die Jugendlichen sind glücklich und dankbar, dass jemand von so weit herkommt und sich tatsächlich für ihre Probleme interessiert.

Irgendwann erkennt Biolek, dass er die Anziehungskraft seines berühmten Namens noch effizienter nutzen kann. In Kooperation mit der DSW (Deutsche Stiftung Weltbevölkerung) gründet er seine eigene Stiftung, die unter dem Namen *Alfred Biolek Stiftung – Hilfe für Afrika* firmiert. Eine kluge Entscheidung, wie sich schnell zeigt, denn auch wenn alle Projekte der

Stiftung über die DSW abgewickelt werden, ist es jetzt der Name Biolek, der die Leute darauf aufmerksam macht. »Die Spenden erhöhen sich dramatisch.«

Für Biolek ist die Stiftungsarbeit eine Fortsetzung seines ehrenamtlichen Einsatzes, der schon viel früher beginnt. Schon Ende der Achtziger saß er im Kuratorium der Deutschen Aids Stiftung. Thematisch ist er sich also treu geblieben, auch wenn es mittlerweile nicht mehr um den Einsatz für diskriminierte schwule Männer geht, sondern um die Unterstützung von Jugendlichen in Entwicklungsländern. Noch 2018, als mit *Die Rezepte meines Lebens* ein fast 500 Seiten starkes Kochbuch erscheint, das seine Lieblingsrezepte enthält, gehen von jedem über den Verlag verkauften Buch zwei Euro an die DSW. Für Alfred eine Selbstverständlichkeit: Er hat auch früher schon die Einnahmen aus Buchverkäufen gespendet.

Das Alter

2010 ist Biolek im besten Rentenalter, aber nach wie vor ein umtriebiger Mensch, der gern unterwegs ist.

Das alles ändert sich, als er im Haus von Freunden eine Wendeltreppe hinunterstürzt. Alfred verletzt sich schwer an Kopf und Schulter, liegt im Koma. Als er wieder aufwacht, kann er sich an sein bewegtes Leben nicht mehr erinnern. Es muss seltsam anmuten: Da liegt einer der berühmtesten Talkmaster der Republik, Deutschlands beliebtester Fernsehkoch – und hat keine Ahnung von seinen zahllosen kulturellen Errungenschaften. Der 35 Jahre jüngere Scott Richie, schon seit Langem ein enger Freund, ist jeden Tag in der Klinik. Er hilft Alfred, nach und nach sein Gedächtnis wiederzuerlangen. Irgendwann kommt er auf die Idee, ihm aus seiner Biografie vorzulesen. All die Erinnerungen an sein Leben – Alfred hatte sie ja schon einmal zusammengetragen. Und tatsächlich: Stück für Stück kehrt die Erinnerung zurück. Es ist eine langwierige Genesung, und ganz der Alte wird Bio nie wieder sein, aber dank einer ausgezeichneten medizinischen Versorgung und der Hilfe von Scott kann er schließlich nach Hause zurückkehren.

Weil Scott kein Angehöriger ist, war es für ihn nicht immer einfach, Alfred zu unterstützen, als er nach dem Sturz in der Klinik lag. Auf die Intensivstation wollte man ihn zunächst nicht lassen. Das ist einer der Gründe, warum die beiden beschließen, ein offizielles Verwandtschaftsverhältnis zu schaffen: 2014 wird Scott von Alfred adoptiert, nun trägt der Schotte einen Doppelnamen und heißt Scott Biolek-Ritchie. Es ist kein Geheimnis, sogar die Presse berichtet darüber. Und bei der Gelegenheit erzählt Biolek, dass Scott nicht der erste Adoptivsohn ist. Rund 30 Jahre zuvor hatte Alfred den ebenfalls jüngeren Keith adoptiert, mit dem er damals in einer Beziehung lebte. Mit Scott hingegen war er seit jeher nur befreundet. Aber beide Adoptionen sind auch Zeugnis davon, dass homosexuelle Männer aus Alfreds Generation zu kreativen Lösungen greifen, wenn sie sich eine Familie schaffen wollen.

Nach seinem Sturz zieht Alfred von Berlin nach Köln, wo er seitdem wohnt. Sein Leben ist ruhig und überschaubar geworden. Rituale wie das allmorgendliche Lesen der Zeitung sind für ihn wichtig. »Zuerst ziehe ich den Sportteil raus und werfe ihn weg«, erklärt er der *Süddeutschen Zeitung* 2017 in einem Interview. Darin beschreibt er ausführlich und anrührend sein Leben als über 80-Jähriger. Er sieht viel fern, um sich die Zeit zu vertreiben. Aber er bleibt bei keinem bestimmten Programm, keiner Lieblingssendung hängen. Er hat die Fernbedienung stets in der Hand, um weiterzappen zu können. »Es gibt nichts, was ich nicht verpassen könnte«, sagt er. Der Große Talkmaster, der auf Unterhaltung mit Anspruch immer so viel Wert gelegt hat, zeigt sich sogar ein wenig altersmilde, wenn er befindet, das Fernsehen sei »nicht besser oder schlechter« als zu seiner Zeit. »Es ist anders.« Er geht viel spazieren, manchmal sieht man ihn auch mit Rollator. Er hat Scott, seinen Adoptivsohn, und einige Freunde. Seit ein paar Jahren trinkt er – die Ärzte haben ihm dazu geraten – nur noch alkoholfreien Weißwein. Der Rote schmeckt ihm nicht. Und auch die Zeiten des passionierten Kochens sind vorbei. Die Zwiebeln oder Karotten zu schneiden, dafür reicht es noch, aber dafür, Freunde einzuladen und zu bekochen, fehlt ihm die Energie.

Biolek weiß die Dinge so zu nehmen, wie sie sind. Wer zu Großtaten nicht mehr fähig ist, der erfreut sich eben an den kleinen Dingen im Leben. Bei ihm sind das zum Beispiel Blumen. Außerdem kann er in Erinnerungen schwelgen, und das tut er auch gern und oft. Erlebt hat er ja nun wirklich genug.

Auch wenn der Sturz vieles verändert habe: Gesundheitlich gehe es ihm gut, sagt er. Er verfolgt nach wie vor das Weltgeschehen – Donald Trump und das allgemeine Erstarken der Rechten bereiten ihm Sorge –, aber wozu soll er noch besorgt in die Zukunft schauen? »Wenn ich weg bin, bin ich weg«, sagt er.

Als er 2018 noch einmal als Gast zum *Kölner Treff* zurückkehrt, sieht man ihn nach langer Zeit mal wieder auf dem Bildschirm. Auch hier zieht sich dieser mit dem Leben versöhnte, immer noch etwas schelmische Ton durch das zwanzig Minuten lange Interview, das Bettina Böttinger mit ihm führt. Vor dem Tod habe er keine Angst, sagt er, mit dem müsse man eben leben. Er spricht langsam, manchmal sucht er einen kurzen Augenblick nach dem richtigen Wort, aber man könnte ihm stundenlang zuhören. Alfred Biolek hat Fernsehgeschichte geschrieben, und er hat nie geleugnet, dass man als Moderator auch eitel sein muss. Aber er wirkt an diesem Abend sehr bescheiden und vor allem zufrieden. »Ich habe meine Gäste immer als Menschen betrachtet«, betont er noch einmal – und wieder wird einem bewusst, dass er dadurch schon in den Achtziger- und Neunzigerjahren eine sichere Insel in einem immer lauter tosenden Medienmeer war. Sollen doch die anderen toben; Biolek bleibt ein Meister der leisen Töne. Immer wieder hatte er in seinen Sendungen Gäste, die am Rand der Gesellschaft standen – und er hat sie in die Mitte geholt, indem er den Fernsehzuschauern zeigte, mit wem man es da zu tun hatte: mit einem Menschen.

Im Laufe der Jahre hat er sich von einem konservativen Juristen zu einer weltoffenen, neugierigen TV-Ikone entwickelt. Die schönste Antwort gibt er, als Böttinger ihn nach seinem Alltag befragt, danach, was er denn am liebsten mache. Biolek antwortet: »Am liebsten bin ich ich.«

Quellen:

Vorwort

https://sz-magazin.sueddeutsche.de/leben-und-gesellschaft/ich-kann-noch-karotten-schnippeln-aber-fuer-mehr-reicht-es-nicht-85924

https://www.faz.net/aktuell/feuilleton/kino/alfred-biolek-wer-lust-hat-ein-bisschen-zu-plaudern-199416.html

Vertreibung aus dem Paradies

Bio – Mein Leben (mit Veit Schmidinger) [2008]

Meine Heimat Europa (mit Nahuel Lopez) [2010]

https://www.orf-oberschlesien.de/freistadt

http://www.planet-interview.de/interviews/alfred-biolek/34970/

Frühes Talent als Gastgeber

Bio – Mein Leben (mit Veit Schmidinger) [2008]

Biolek auf großer Fahrt

Bio – Mein Leben (mit Veit Schmidinger) [2008]

Alfred und die Schnapspralinen

Bio – Mein Leben (mit Veit Schmidinger) [2008]

Alfred und das Studentenkabarett

Bio – Mein Leben (mit Veit Schmidinger) [2008]

https://story.wiwo.de/Ursprung-meiner-Karriere/024/
published/index.html?ticket=ST-5929231-
nga02jvdwsMrs5BeQVGy-ap6

Alfred und die Schnecken-Ingwer-Limonade

Bio – Mein Leben (mit Veit Schmidinger) [2008]

https://www.welt.de/print/wams/politik/
article12654077/Dr-Alfred-Biolek.html

Als Volljurist zum Zweiten Deutschen Fernsehen

Bio – Mein Leben (mit Veit Schmidinger) [2008]

http://www.steinleitner.org/prominterview.
php?id=85&ts=

Alfred unter Mainzelmännchen

Bio – Mein Leben (mit Veit Schmidinger) [2008]

https://www.ksta.de/alfred-biolek-ist-
mainzelmaennchen-fan-6930070

https://www.spiegel.de/einestages/deutschlands-
ersterstau-a-946865.html

Bio – Mein Leben (mit Veit Schmidinger) [2008]

Alfred Biolek – Szenenwechsel: Vom Fernsehmacher zum Fernsehstar [Lukas Bernhardt; 2000]

Alfred und die Damen von Welt

Bio – Mein Leben (mit Veit Schmidinger) [2008]

https://www.fernsehserien.de/night-club

Umzug nach München: Biolek und die Boheme

Bio – Mein Leben (mit Veit Schmidinger) [2008]

Alfred Biolek – Szenenwechsel: Vom Fernsehmacher zum Fernsehstar [Lukas Bernhardt; 2000]

https://taz.de/Zum-70-Geburtstag-Fassbinders/!5200610/

Alfred Biolek und der Heilige Gral der Comedy

https://www.deutschlandfunk.de/man-musste-den-monty-python-ueberzeugen-mitzumachen.694.de.html?dram:article_id=67657

https://www.sueddeutsche.de/kultur/musical-auftritt-des-killerkaninchens-1.2533887

Bio – Mein Leben (mit Veit Schmidinger) [2008]

https://www.youtube.com/watch?v=zSGawnGh0yY

https://www.welt.de/kultur/article3105506/Monty-Python-sind-auch-auf-Deutsch-lustig.html

Biolek und Carrell – TV-Legenden unter sich

https://sz-magazin.sueddeutsche.de/stars/ich-habe-mich-nie-hinter-einer-peruecke-oder-sonnenbrille-versteckt-73927

https://de.wikipedia.org/wiki/Rudi_Carrell

https://de.wikipedia.org/wiki/Am_laufenden_Band

https://de.wikipedia.org/wiki/Die_Rudi_Carrell_Show_%E2%80%93_La%C3%9F_Dich_%C3%BCberraschen

Bio – Mein Leben (mit Veit Schmidinger) [2008]

https://www.youtube.com/watch?v=JO9SmkLk13Q

Wer kommt, kommt

Bio – Mein Leben (mit Veit Schmidinger) [2008]

Alfred Biolek – Szenenwechsel: Vom Fernsehmacher zum Fernsehstar [Lukas Bernhardt; 2000]

https://de.wikipedia.org/wiki/Senft%C3%B6pfchen

Bio versteht Bahnhof ... wie kein Zweiter

Bio – Mein Leben (mit Veit Schmidinger) [2008]

Alfred Biolek – Szenenwechsel: Vom Fernsehmacher zum Fernsehstar [Lukas Bernhardt; 2000]

https://de.wikipedia.org/wiki/Bio%E2%80%99s_Bahnhof

https://www.youtube.com/watch?v=RWvRVug0dV0

Auf neuen Gleisen

Bio – Mein Leben (mit Veit Schmidinger) [2008]

Alfred Biolek – Szenenwechsel: Vom Fernsehmacher zum Fernsehstar [Lukas Bernhardt; 2000]

https://www.rollingstone.de/interview-moderatoralfred-biolek-ueber-den-coup-kate-bush-ins-tv-zubringen-343111/

https://www.youtube.com/watch?v=acUCrfe6oMk

Offen, nicht öffentlich

https://sz-magazin.sueddeutsche.de/stars/ich-habe-mich-nie-hinter-einer-peruecke-oder-sonnenbrille-versteckt-73927

https://www.youtube.com/watch?v=PaeizrNUbjM

Boulevard Bio – Ein Bollwerk der gepflegten Unterhaltung

Bio – Mein Leben (mit Veit Schmidinger) [2008]

Alfred Biolek – Szenenwechsel: Vom Fernsehmacher zum Fernsehstar [Lukas Bernhardt; 2000]

https://www.welt.de/print-welt/article655136/Kloesschen-und-Pudding-haben-den-Saumagen-abgeloest.html

https://www.faz.net/aktuell/feuilleton/koffein-freundschaftsdienst-putin-schroeder-und-biolek-treffen-sich-in-weimar-11287062.html

https://rp-online.de/panorama/fernsehen/bye-bye-bio_aid-8592955

https://www.tagesspiegel.de/gesellschaft/medien/boulevard-bio-nur-das-bett-ist-sein-feind/233436.html

https://www.msn.com/de-de/nachrichten/panorama/485-folgen-%E2%80%9Eboulevard-bio%E2%80%9D-alfred-biolek-%C3%BCbergibt-23-kartons-an-k%C3%B6lner-archiv/ar-BBQDakE

Bonus: https://katzundgoldt.de/w_boulevard_bio.htm

alfredissimo! – Minutiöse Lockerheit!

Bio – Mein Leben (mit Veit Schmidinger) [2008]

Alfred Biolek – Szenenwechsel: Vom Fernsehmacher zum Fernsehstar [Lukas Bernhardt; 2000]

https://www.spiegel.de/spiegel/print/d-13691314.html

https://www.spiegel.de/spiegel/print/d-9276236.html

https://de.wikipedia.org/wiki/Alfredissimo!

https://web.archive.org/web/20071211020156/http://www.alfredissimo.de:80/kontakt/antworten.phtml

Biolek als UN-Sonderbotschafter

https://www.spiegel.de/panorama/neue-aufgaben-alfred-biolek-wird-uno-botschafter-a-105424.html

https://www.faz.net/aktuell/gesellschaft/menschen/un-botschafter-biolek-im-bio-stress-1211932.html

https://www.dsw.org/alfred-biolek-kochbuch-zugunsten-von-jugendlichen-in-afrika/

Das Alter

https://sz-magazin.sueddeutsche.de/leben-und-gesellschaft/ich-kann-noch-karotten-schnippeln-aber-fuer-mehr-reicht-es-nicht-85924

https://www.focus.de/kultur/kino_tv/alfred-biolek-alfred-biolek-beim-koelner-treff-so-lief-die-rueckkehr-nach-38-jahren_id_9638045.html

https://www.youtube.com/watch?v=_-w_NABbLM4

https://www.gala.de/stars/news/alfred-biolek--jetzt-istbio-schon-zweifacher-vater-20163408.html

https://www.t-online.de/unterhaltung/stars/id_68685670/alfred-biolek-hat-weiteren-adoptivsohn.html